金刚怒目，不如菩萨低眉。

【精装典藏版】

国民阅读经典 / 美学大师朱光潜经典作品

给青年的十二封信

朱光潜 / 著

Zhu Guangqian Works

山西出版传媒集团 山西人民出版社

图书在版编目（CIP）数据

给青年的十二封信 / 朱光潜著. — 太原：山西人民出版社，2019.4
ISBN 978-7-203-10618-0

Ⅰ. ①给… Ⅱ. ①朱… Ⅲ. ①思想修养—青年读物 Ⅳ. ① D432.63

中国版本图书馆CIP数据核字（2018）第290679号

给青年的十二封信

著　　者：朱光潜
责任编辑：郝文霞
复　　审：吕绘元
终　　审：姚　军
装帧设计：刘明彬

出 版 者：山西出版传媒集团・山西人民出版社
地　　址：太原市建设南路21号
邮　　编：030012
发行营销：0351-4922220　4955996　4956039　4922127（传真）
天猫官网：http://sxrmcbs.tmall.com　电话：0351-4922159
E-mail：sxskcb@163.com 发行部
　　　　sxskcb@126.com 总编室
网　　址：www.sxskcb.com

经 销 者：山西出版传媒集团・山西人民出版社
承 印 厂：三河市天润建兴印务有限公司

开　　本：890mm×1240mm　1/32
印　　张：9
字　　数：180千字
印　　数：1-5000册
版　　次：2019年4月第1版
印　　次：2019年4月第1次印刷
书　　号：ISBN 978-7-203-10618-0
定　　价：38.00元

如有印装质量问题请与本社联系调换

作者简介

朱光潜（1897—1986），笔名孟实，安徽桐城人，著名的美学家。1903年开始接受传统的私塾教育，能背"四书五经"及《古文观止》《唐诗三百首》，读过《史记》《通鉴辑览》；1918年入武昌高等师范中文系读书；1919年经考试被选送到香港大学文学院深造；1925年入英国爱丁堡大学，获硕士学位；1931年入德国斯特拉斯堡大学，获博士学位，其间写就《悲剧心理学》《文艺心理学》《诗论》《谈美》；1933年回国，任北京大学教授；1937年任四川大学教授；1938年任武汉大学教授；1946年重返北京大学担任教授；1949年北平解放，继续留任北京大学教授；1956年译出柏拉图《文艺对话集》；1959年译出黑格尔《美学》（第1卷）；1963年《西方美学史》出版；1970年续译黑格尔《美学》（第2、3卷）；1977年译出莱辛《拉奥孔》；1978年译出爱克曼的《歌德谈话录》；1980年出版《谈美书简》和《美学拾穗集》；1983年译出维柯的《新科学》；1986年3月6日逝世，终年89岁。

目 录

序 /1

一　谈读书 /5

二　谈　动 /15

三　谈　静 /21

四　谈中学生与社会运动 /29

五　谈十字街头 /37

六　谈多元宇宙 /45

七　谈升学与选课 /53

八　谈作文 /63

九　谈情与理 /71

十　谈摆脱 /85

十一　谈在卢浮宫所得的一个感想 /93

十二　谈人生与我 /101

附 录

无言之美 /111

悼夏孟刚 /129

看戏与演戏
　　　　——两种人生理想 /137

在混乱中创秩序 /159

学业·职业·事业 /167

谈趣味 /179

谈谦虚 /187

谈写作学习
　　　　——在香港中文大学一次夜餐会上应邀的一次谈话 /201

文学的趣味 /207

给苦闷的青年朋友们 /219

生　命 /227

我与文学 /241

谈理想的青年
　　　　——回答一位青年朋友的询问 /247

谈恐惧心理 /255

"再说一句话"（代跋）/263

朱光潜的座右铭 /267

朱光潜的三十条人生箴言 /271

序

夏丏尊

这十二封信是朱孟实先生从海外寄来分期在我们同人杂志《一般》上登载过的。《一般》的目的，原思以一般人为对象，从实际生活出发来介绍些学术思想。数年以来，同人都曾依了这目标分头努力。可是如今看来，最好的收获第一要算这十二封信。

这十二封信以有中学程度的青年为对象。并未曾指定某一收信人的姓名，只要是中学程度的青年，就谁都是收信人，谁都应该读一读这十二封信。这十二封信，实是作者远从海外送给国内青年的很好的礼物。作者曾在国内担任中等教师有年，他那笃热的情感，温文的态度，丰富的学殖，无一不使和他接近的青年感服。他的远赴欧洲，目的也就在谋中等教育的改进。作者实是一个终身愿与青年为友的志士。信中首称"朋友"，末署"你的朋友"，在深知作者性行的我看来，这称呼是笼有真实的感情的，决不只是通常的习用套语。

各信以青年们所正在关心或应该关心的事项为话题，作者虽随了各话题抒述其意见，统观全体，却似乎也有一贯的出发点可寻。就是劝青年眼光要深沉，要从根本上做功夫，要顾到自己，勿随了世俗图近利。作者用了这态度谈读书，谈作文，谈社会运动，谈爱恋，谈升学选科等等。无论在哪一封信上，字里行间，都可看出这忠告来。其中如在《谈在卢浮宫所得的一个感想》一信里，作者且郑重地把这态度特别标出了说："假如我的十二封信对于现代青年能发生毫末的影响，我尤其虔心默祝这封信所宣传的超'效率'的估定价值的标准能印入个个读者的心孔里去；因为我所知道的学生们、学者们和革命家们都太贪容易，太浮浅粗疏，太不能深入，太不能耐苦，太类似美国旅行家看《蒙娜丽莎》了。"

"超效率！"这话在急功近利的世人看来，也许要惊为太高蹈的论调了。但一味亟于效率，结果就会流于浅薄粗疏，无可救药。中国人在全世界是被推为最重实用的民族的，凡事都怀一个极近视的目标：娶妻是为了生子，养儿是为了防老，行善是为了福报，读书是为了做官……不称入基督教的为基督教信者而称为"吃基督教"的，不称投身国事的军士为军人而称为"吃粮"的，流弊所至，在中国，什么都只是吃饭的工具，什么都实用，因之，就什么都浅薄。试就学校教育的现状看罢：坏的呢，教师目的但在地位、薪水，学生目的但在文凭资格；较好的呢，教师想把学生嵌入某种预定的铸型去，学生想怎样揣摩世尚毕业后去问世谋事。在真正的教育面前，总之都免不掉浅薄粗疏。效率原是要顾的，但只顾效率，究竟是蠢事。青年为国家社会的生力军，如果不从根本上培养能力，凡事近视，贪浮浅的近利，一味袭蹈时下陋习，结果纵不至于"一蟹不如一蟹"，亦只是一蟹仍如一蟹而已。国家社会还有什么希望可说。

"太贪容易，太浮浅粗疏，太不能深入，太不能耐苦"，作者对于现代青年的毛病，曾这样慨乎言之。征之现状，不禁同感。作者去国已好几年了，依据消息，尚能分明地记得起青年的病象，则青年的受病之重，也就可知。

这十二封信啊，愿对于现在的青年，有些力量！

1929年元旦书于白马湖平屋

一 谈读书

朋友：

　　中学课程很多，你自然没有许多时间去读课外书。但是你试扪心自问：你每天真抽不出一点钟或半点钟的功夫么？如果你每天能抽出半点钟，你每天至少可以读三四页，每月可以读一百页，到了一年也就可以读四五本书了。何况你在假期中每天断不会只能读三四页呢！你能否在课外读书，不是你有没有时间的问题，是你有没有决心的问题。

　　世间有许多人比你忙得多。许多人的学问都在忙中做成的。美国有一位文学家、科学家和革命家富兰克林，幼时在印刷局里做小工，他的书都是在做工时抽暇读的。不必远说，你应该还记得国父孙中山先生，难道你比那一位奔走革命席不暇暖的老人家还要忙些么？他生平无论忙到什么地步，没有一天不偷暇读几页书。你只要看他的《建国方略》和《孙文学说》，你便知道他不仅是一个政治家，而且还是一个学者。不读书而讲革命，不知道"光"的所在，只是窜头乱撞，终难成功。这个道理，孙先生懂得最清楚的，所以他的学说特别重"知"。

人类学问逐天进步不止，你不努力跟着跑，便落伍退后，这固不消说。尤其要紧的是养成读书的习惯，是在学问中寻出一种兴趣。你如果没有一种正当嗜好，没有一种在闲暇时可以寄托你的心神的东西，将来离开学校去做事，说不定要被恶习惯引诱。你不看见现在许多叉麻雀抽鸦片的官僚们、绅商们乃至于教员们，不大半由学生出身么？你慢些鄙视他们，临到你来，再看看你的成就罢！但是你如果在读书中寻出一种趣味，你将来抵抗引诱的能力比别人定要大些。这种兴趣你现在不能寻出，将来永不会寻出的。凡人都越老越麻木，你现在已比不上三五岁的小孩子那样好奇、那样兴味淋漓了。你长大一岁，你感觉兴味的敏锐力便须迟钝一分。达尔文在自传里曾经说过，他幼时颇好文学和音乐，壮时因为研究生物学，把文学和音乐都丢开了，到老来他再想拿诗歌来消遣，便寻不出趣味来了。兴味要在青年时设法培养，过了正常时节，便会萎谢。比方打网球，你在中学时欢喜打，你到老都欢喜打。假如你在中学时代错过机会，后来要发愿去学，比登天还要难十倍。养成读书习惯也是这样。

你也许说，你在学校里终日念讲义看课本不就是读书吗？讲义课本着意在平均发展基本知识，固亦不可不读。

但是你如果以为念讲义看课本，便尽读书之能事，就是大错特错。第一，学校功课门类虽多，而范围究极窄狭。你的天才也许与学校所有功课都不相近，自己在课外研究，去发现自己性之所近的学问。再比方你对于某种功课不感兴趣，这也许并非由于性不相近，只是规定的课本不合你的口味。你如果能自己在课外发现好书籍，你对于那种功课的兴趣也许就因而浓厚起来了。第二，念讲义看课本，免不掉若干拘束，想借此培养兴趣，颇是难事。比方有一本小说，平时自由拿来消遣，觉得多么有趣，一旦把它拿来当课本读，用预备考试的方法去读，便不免索然寡味了。兴趣要逍遥自在地不受拘束地发展，所以为培养读书兴趣起见，应该从读课外书入手。

书是读不尽的，就读尽也是无用，许多书没有一读的价值。你多读一本没有价值的书，便丧失可读一本有价值的书的时间和精力；所以你须慎加选择。你自己自然不会选择，须去就教于批评家和专门学者。我不能告诉你必读的书，我能告诉你不必读的书。许多人曾抱定宗旨不读现代出版的新书。因为许多流行的新书只是迎合一时社会心理，实在毫无价值，经过时代淘汰而巍然独存的书才有永久性，才值得读一遍两遍以至于无数遍。我不敢劝你完全不读新书，我却希望你特别注意这一点，因为现代青年颇有非新书不读的风气。别的事都可以学时髦,唯有读书做学问不能学时髦。我所指的不必读的书,不是新书,是谈书的书,是值不得读第二遍的书。走进一个图书馆,你尽管看见千卷万卷的纸本子,其中真正能够称为"书"的恐怕难上十卷百卷。你应该读的只是这十卷百卷的书。在这些书中间,你不但可以得较真确的知识,而且可以于无形中吸收大学者治学的精神和方法。这些书才能撼动你的心灵,激动你的思考。其他像"文学大纲""科学大纲"以及杂志报章上的书评,实在都不能供你受用。你与其读千卷万卷的诗集,不如读一部《国风》或《古诗十九首》;你与其读千卷万卷谈希腊哲学的书籍,不如读一部柏拉图的《理想国》。

  你也许要问我,像我们中学生究竟应该读些什么书呢?这个问题可是不易回答。你大约还记得北平《京报副刊》曾征求"青年必读书十种",结果有些人所举十种尽是几何代数,有些人所举十种尽是《史记》《汉书》。这在旁人看起来似近于滑稽,而应征的人却各抱有一番大道理。本来这种征求的本意,求以一个人的标准做一切人的标准,好像我只喜欢吃面,你就不能吃米,完全是一种错误见解。各人的天资、兴趣、环境、职业不同,你怎么能定出万应灵丹似的十种书,供天下无量数青年读之都能感觉同样趣味,发生同样效力?

一 谈读书　11

我为了写这封信给你,特地去调查了几个英国公共图书馆。他们的青年读物部最流行的书可以分为四类:(一)冒险小说和游记;(二)神话和寓言;(三)生物故事;(四)名人传记和爱国小说。就中代表的书籍是凡尔纳的《八十天环游地球》(Jules Verne: *Le Tour du monde en quatre-vingts jours*)和《海底两万里》(*Vingt mille lieues sous les mers*),笛福的《鲁滨孙漂流记》(Defoe: *Robinson Crusoe*),大仲马的《三剑客》(A. Dumas: *Three Musketeers*),霍桑的《奇书》和《丹谷闲话》(Hawthorne: *Wonder Book and Tangle Wood Tales*),金斯利的《希腊英雄传》(Kingsley: *Heroes*),法布尔的《鸟兽故事》(Fabre: *Story Book of Birds and Beasts*),安徒生的《童话》(Andersen: *Fairy Tales*),骚塞的《纳尔逊传》(Southey: *Life of Nelson*),房龙的《人类故事》(Van Loon: *The Story of Mankind*)之类。这些书在国外虽流行,给中国青年读,却不十分相宜。中国学生们大半是少年老成,在中学时代就欢喜像煞有介事地谈一点学理。他们——你和我自然都在内——不仅欢喜谈谈文学,还要研究社会问题,甚至于哲学问题。这既是一种自然倾向,也就不能漠视,我个人的见解也不妨提起和你商量商量。<u>十五六岁以后的教育宜注重发达理解,十五六岁以前的教育宜注重发达想象。</u>所以初中的学生们宜多读想

象的文字，高中的学生才应该读含有学理的文字。

谈到这里，我还没有答复应读何书的问题。老实说，我没有能力答复，我自己便没曾读过几本"青年必读书"，老早就读些"壮年必读书"。比方在中国书里，我最欢喜《国风》、《庄子》、《楚辞》、《史记》、《古诗源》、《文选》中的书笺、《世说新语》、《陶渊明集》、《李太白集》、《花间集》、张惠言《词选》、《红楼梦》等等。在外国书里，我最欢喜济慈（Keats）、雪莱（Shelly）、柯勒律治（Coleridge）、布朗宁（Browning）诸人的诗集，索福克勒斯（Sophocles）的七悲剧、莎士比亚的《哈姆雷特》（Shakespeare:*Hamlet*）、《李尔王》（*King Lear*）和《奥赛罗》（*Othello*）、歌德的《浮士德》（Goethe：*Fasuts*）、易卜生（Ibsen）的戏剧集、屠格涅夫（Turgenev）的《处女地》（*Virgin Soil*）和《父与子》（*Fathers and Children*）、陀思妥耶夫斯基的《罪与罚》（Dostoevsky：*Crime and Punishment*）、福楼拜的《包法利夫人》（Flaubert：*Madame Bovary*）、莫泊桑（Maupassant）的小说集、小泉八云（Koizumi Yakumo：*Lafcadio Hearn*）关于日本的著作等等。如果我应北平《京报副刊》的征求，也许把这些古董洋货捧上，凑成"青年必读书十种"。但是我知道这是荒谬绝伦的，所以我现在不敢答复你应读何书的问题。你如果要知道，你应该去请教你所知的专门学者，请他们各就自己所学范围以内指定三两种青年可读的书。你如果请一个人替你面面俱到地设想，比方他是学文学的人，他也许明知青年必读书应含有社会问题、科学常识等等，而自己又没甚把握，姑且就他所知的一两种拉来凑数，你就像问道于盲了。同时，你要知道读书好比探险，也不能全靠别人指导，你自己也须得费些功夫去搜求。我从来没有听见有人按照别人替他定的"青年必读书十种"或"世界名著百种"读下去，便成就一个学者。别人只能介绍，抉择还要靠你自己。

关于读书方法，我不能多说，只有两点须在此约略提起。第一，凡值得读的书至少须读两遍。第一遍须快读，着眼在醒豁全篇大旨与特色。第二遍须慢读，须以批评态度衡量书的内容。第二，读过一本书，须笔记纲要和精彩的地方和你自己的意见。记笔记不特可以帮助你记忆，而且可以逼得你仔细，刺激你思考。记着这两点，其他琐细方法便用不着说。各人天资习惯不同，你用哪种方法收效较大，我用哪种方法收效较大，不是一概而论的。你自己终究会找出你自己的方法，别人决不能给你一个方单，使你可以"依法炮制"。

你嫌这封信太冗长了罢？下次谈别的问题，我当力求简短。再会！

你的朋友　孟实

二 谈 动

朋友：

　　从屡次来信看，你的心境近来似乎很不宁静。<u>烦恼究竟是一种暮气，是一种病态</u>，你还是一个十八九岁的青年，就这样颓唐沮丧，我实在替你担忧。

　　一般人欢喜谈玄，你说烦恼，他便从"哲学辞典"里拖出"厌世主义""悲观哲学"等等堂哉皇哉的字样来叙你的病由。我不知道你感觉如何，我自己从前仿佛也尝过烦恼的况味，我只觉得忧来无方，不但人莫之知，连我自己也莫名其妙，哪里有所谓的哲学与人生观！我也些微领过哲学家的教训：在心气和平时，我景仰希腊廊下派哲学者，相信人生当皈依自然，不当存有嗔喜贪恋；我景仰托尔斯泰，相信人生之美在宥与爱；我景仰布朗宁，相信世间有丑才能有美，不完全乃真完全；<u>然而外感偶来，心波立涌，拿天大的哲学，也抵挡不住</u>。这固然是由于缺乏修养，但是青年们有几个修养到"不动心"的地步呢？从前长辈们往往拿"应该不应该"的大道理向我说法。他们说，像我这样一个青年应该活泼泼的，不应该暮气沉沉的；应该努力做学问，不应该把自己的忧乐放在心头。谢谢罢，请留着这副"应该"的方剂，将来患烦恼的人还多呢！

朋友，我们都不过是自然的奴隶，要征服自然，只得服从自然。违反自然，烦恼才乘虚而入，要排解烦闷，也须得使你的自然冲动有机会发泄。人生来好动，好发展，好创造。能动，能发展，能创造，便是顺从自然，便能享受快乐；不动，不发展，不创造，便是摧残生机，便不免感觉烦恼。这种事实在流行语中就可以见出，我们感觉快乐时说"舒畅"，感觉不快乐时说"抑郁"。这两个字样可以用作形容词，也可以用作动词。用作形容词时，它们描写快乐或不快的状态；用作动词时，我们可以说它们说明快乐或不快的原因。你感觉烦恼，因为你的生机被抑郁；你要想快乐，须得使你的生机能舒畅，能宣泄。流行语中又有"闲愁"的字样，闲人大半易于发愁，就因为闲时生机静止而不舒畅。青年人比老年人易于发愁些，因为青年人的生机比较强旺。小孩子们的生机也很强旺，然而不知道愁苦，因为他们时时刻刻地游戏，所以他们的生机不至于被抑郁。小孩子们偶尔不很乐意，便放声大哭，哭过了气就消去。成人们感觉烦恼时也还要拘礼节，哪能由你放声大哭呢？黄连苦在心头，所以愈觉其苦。歌德少时因失恋而想自杀，幸而他

二 谈 动

的文机动了，埋头两礼拜著成一部《少年维特之烦恼》，书成了，他的气也泄了，自杀的念头也打消了。你发愁时并不一定要著书，你就读几篇哀歌，听一幕悲剧，借酒浇愁，也可以大畅胸怀。从前我很疑惑何以剧情愈悲而读之愈觉其快意，近来才悟得这个泄与郁的道理。

总之，愁生于郁，解愁的方法在泄；郁由于静止，求泄的方法在动。从前儒家讲心性的话，从近代心理学眼光看，都很粗疏，只有孟子的"尽性"一个主张，含义非常深广。一切道德学说都不免肤浅，如果不从"尽性"的基点出发。如果把"尽性"两字懂得透彻，我以为生活目的在此，生活方法也就在此。人性固然是复杂的，可是人是动物，基本性不外乎动。从动的中间我们可以寻出无限快感。这个道理我可以拿两件小事来印证：从前我住在家里，自己的书房总欢喜自己打扫。每看到书籍零乱，灰尘满地，你亲自去洒扫一过，霎时间混浊的世界变成明窗净几，此时悠然就座，游目骋怀，乃觉有不可言喻的快慰。再比方你自己是欢喜打网球的，当你起劲打球时，你还记得天地间有所谓的烦恼么？

你大约记得晋人陶侃的故事。他老来罢官闲居，找不到事做，便去搬砖。晨间把一百块砖由斋里搬到斋外，暮间把一百块砖由斋外搬到斋里。人问其故，他说："吾方致

力中原，过尔优逸，恐不堪事。"他又尝对人说："大禹圣人，乃惜寸阴，至于众人，当惜分阴。"其实惜阴何必定要搬砖，不过他老先生还很茁壮，借这个玩意儿多活动活动，免得抑郁无聊罢了。

朋友，闲愁最苦！愁来愁去，人生还是那么样一个人生，世界也还是那么样一个世界。假如把自己看得伟大，你对于烦恼，当有"不屑"的看待；假如把自己看得渺小，你对于烦恼，当有"不值得"的看待。我劝你多打网球，多弹钢琴，多栽花木，多搬砖弄瓦。假如你不喜欢这些玩意儿，你就谈谈笑笑，跑跑跳跳，也是好的。就在此祝你

谈谈笑笑，

跑跑跳跳！

你的朋友 孟实

三 谈 静

朋友：

前信谈动，只说出一面真理。人生乐趣一半得之于活动，也还有一半得之于感受。所谓"感受"是被动的，是容许自然界事物感动我的感官和心灵。这两个字含义极广。眼见颜色，耳闻声音，是感受；见颜色而知其美，闻声音而知其和，也是感受。同一美颜，同一和声，而各个人所见到的美与和的程度又随天资、境遇而不同。比方路边有一棵苍松，你看见它只觉得可以砍来造船；我见到它可以让人纳凉，旁人也许说它很宜于入画，或者说它是高风亮节的象征。再比方街上有一个乞丐，我只能见到他的蓬头垢面，觉得他很讨厌；你见他便发慈悲心，给他一个铜子；旁人见到他也许立刻发下宏愿，要打翻社会制度。这几个人反应不同，都由于感受力有强有弱。

世间天才之所以为天才，固然由于具有伟大的创造力，而他的感受力也分外比一般人强烈。比方诗人和美术家，你见不到的东西他能见到，你闻不到的东西他能闻到。麻木不仁的人就不然,你就请伯牙向他弹琴,他也只联想到棉匠弹棉花。感受也可以说是"领略",不过领略只是感受的一方面。世界上最快活的人不仅是最活动的人,也是最能领略的人。所谓领略,就是能在生活中寻出趣味。好比喝茶,渴汉只管满口吞咽,会喝茶的人却一口一口地细啜,能领略其中风味。

能处处领略到趣味的人决不至于岑寂,也决不至于烦闷。朱子有一首诗说:"半亩方塘一鉴开,天光云影共徘徊。问渠那得清如许?为有源头活水来。"这是一种绝美的境界。你姑且闭目一思索,把这幅图画印在脑里,然后假想这半亩方塘便是你自己的心,你看这首诗比拟人生苦乐多么惬当!一般人的生活干燥,只是因为他们的"半亩方塘"中没有天光云影,没有源头活水来,这源头活水便是领略得的趣味。

领略趣味的能力固然一半由于天资,一半也由于修养。大约静中比较容易见出趣味。物理上有一条定律说:两物不能同时并存于同一空间。这个定律在心理方面也可以说得通。一般人不能感受趣味,大半因为心地太忙,不空所以不灵。我所谓的"静",便是指心界的空灵,不是指物界的沉寂,物界永远不沉寂的。你的心境愈空灵,你愈不觉得物界沉寂。或者我还可以进一步说,你的心界愈空灵,你也愈不觉得物界喧嚣。所以习静并不必定要进空谷,也不必定学佛家静坐参禅。静与闲也不同。许多闲人不必都能领略静中趣味,而能领略静中趣味的人,也不必定要闲。在百忙中,在尘世的喧嚷中,你偶然丢开一切,悠然遐想,你心中便蓦然似有一道灵光闪烁,无穷妙悟便源源而来。这就是忙中静趣。

我这番话都是替两句人人知道的诗下注脚。这两句诗就是:"万物静观皆自得,四时佳兴与人同。"大约诗人的领略力比一般人都要大。近来看周启孟(周作人)的《雨天的书》引日本人小林一茶的一首俳句:"不要打哪,苍蝇搓他的手,搓他的脚呢。"觉得这种情境真是幽美。你懂得这一句诗就懂得我所谓的静趣。中国诗人到这种境界的也很多。现在姑且就一时所想到的写几句给你看:

鱼戏莲叶东,鱼戏莲叶西,
鱼戏莲叶南,鱼戏莲叶北。
——古诗,作者姓名佚

山涤余霭,宇暧微霄。
有风自南,翼彼新苗。
——陶渊明《时运》

> 采菊东篱下，悠然见南山。
> 山气日夕佳，飞鸟相与还。
>
> ——陶渊明《饮酒》

> 目送归鸿，手挥五弦。
> 俯仰自得，游心太玄。
>
> ——嵇叔夜《赠秀才从军》

> 倚杖柴门外，临风听暮蝉。
> 渡头余落日，墟里上孤烟。
>
> ——王摩诘《赠裴迪》

像这一类描写静趣的诗，唐人五言绝句中最多。你只要仔细玩味，你便可以见到这个宇宙又有一种景象，为你平时所未见到的。梁任公的《饮冰室文集》里有一篇谈"烟士披里纯"，詹姆斯的《与教员学生谈话》（James : Talks To Teachers and Students）里面有三篇谈人生观，关于静趣都说得很透辟。可惜此时这两部书都不在手边，不能录几段出来给你看。你最好自己到图书馆里去查阅。詹姆斯的《与教员学生谈话》那三篇文章（最后三篇）尤其值得一读，记得我从前读这三篇文章，很受他感动。

静的修养不仅是可以使你领略趣味，对于求学、处事都有极大帮助。释迦牟尼在菩提树荫静坐而证道的故事，你是知道的。古今许多伟大人物常能在仓皇扰乱中雍容应付事变，丝毫不觉张皇，就因为能镇静。现代生活忙碌，而青年人又多浮躁。你站在这潮流里，自然也难免跟着旁人乱嚷。不过忙里偶然偷闲，闹中偶然觅静，于身于心，都有极大裨益。你多在静中领略些趣味，不但你自己受用，就是你的朋友们看着你也快慰些。我生平不怕呆人，也不怕聪明过度的人，只是对着没有趣味的人，要勉强同他说应酬话，真是觉得苦也。你对着有趣味的人，你并不必多谈话，只是默然相对，心领神会，便可觉得朋友中间的无上至乐。你有时大概也发生同样感想罢？

眠食诸希珍重！

你的朋友 孟实

四 谈中学生与社会运动

朋友：

第一信曾谈到孙中山先生知难行易的学说，和不读书而空谈革命的危险。这个问题有特别提出讨论的必要，所以再拿它来和你商量商量。

你还记得叶楚伧先生的演讲吧？他说，如今中国在学者只言学，在工者只言工，在什么者只言什么，结果弄得没有一个在国言国的人，而国事之糟，遂无人过问。叶先生在这里只主张在学者应言国，却未明言在国者亦必言学。恽代英先生更进一步说，中国从孔孟二先生以后，读过二千几百年的书，讲过二千几百年的道德，仍然无补国事，所以读书讲道德无用，一切青年都必须加入战线去革命。这是一派的主张。

同时你也许见过前几年的上海大同大学的章程，里面有一条大书特书："本校主张以读书救国，凡好参加爱国运动者不必来！"这并不是大同大学的特有论调，凡遇学潮发生，你走到一个店铺里，或是坐在一个校务会议席上，你

定会发现大家窃窃私语，引为深忧的都不外乎"学生不读书，而好闹事"一类的话。因为这是可以深忧的，教育部所以三令五申："整顿学风！"这又是一派的主张。

叶、恽诸先生们是替某党宣传的。你知道我无党籍，而却深信中国想达民治必经党治。所以我如果批评叶、恽二先生，非别有用意，乃责备贤者，他们在青年中物望所系，出言不慎，便不免贻害无穷。比方叶先生的话就有许多语病。<u>国家是人民组合体，在学者能言学，在工者能言工，在什么者能言什么，合而言之，就是在国言国。</u>如今中国弊端就在在学者不言学，在工者不言工，大家都抛弃分内事而空谈爱国。结果学废工弛，而国也就不能救好，这是显然的事实。恽先生从中国历史证明读书无用，也颇令人怀疑。法国革命单是丹东、罗伯斯庇尔的功劳，而卢梭、伏尔泰没有影响吗？<u>思想革命成功，制度革命才能实现。</u>辛亥革命还未成功，是思想革命未成功，这是大家应该承认的。

中国人蜂子孵蛆的心理太重，只管诱劝人"类我类我"！比方我喜欢谈国事，就藐视你读书；你喜欢读书，就藐视我谈国事。其实单面锣鼓打不成闹台戏。要撑起中国场面，<u>也要生旦净丑角俱全。</u>我们对于鼓吹青年都抛开书本去谈革命的人，固不敢赞同，而对于悬参与爱国运动为厉禁的学校也觉得未免矫枉过正。学校与社会绝缘，教育与生活绝缘，在学理上就说不通。若谈事实，则这一代的青年，这一代的领袖，此时如果毫无准备，想将来理乱不问的书生一旦会变成措置咸宜的社会改造者，也是痴人妄想。固然，在秩序安宁的国家里，所谓"天下有道，则庶人不议"，用不着学生去干预政治。可是在目前中国，又另有说法：民众未觉醒，舆论未成立，教育界中人本良心主张去监督政府，也并不算越职。总而言之，救国、读书都不可偏废。蔡孑民先生说："读书不忘救国，救国不忘读书。"这两句话是青年人最稳妥的座右铭。

所谓救国，并非空口谈革命所可了事。我们跟着社会运动家喊"打倒军阀""打倒帝国主义"，力已竭，声已嘶了。而军阀淫威既未稍减，帝国主义的势力也还在扩张。朋友，空口呐喊大概有些靠不住罢？北方人奚落南方人，往往说南方人打架，双方都站在自家门里摩拳擦掌对骂，你说："你来，我要打杀你这个杂种！"我说："我要送你这条狗命见阎王。"结果半拳不挥，一哄而散。住在租界谈革命的人不也是这样空摆威风么？

五四以来，种种运动只在外交方面稍生微力。但是你如果把这点微力看得了不得地重要，那你就未免自欺。"夫人必自侮，而后人侮之。""自侮"的成分一日不减绝，你一日不能怪人家侮你。你应该回头看看你自己是什么样的一个人，看看政府是什么样的一个政府，看看人民是什么样的一个人民。向外人争"脸"固然要紧，可是你切莫要因此忘记你自己的家丑！

家丑如何洗得清？我从前想，要改造中国，应由下而上，由地方而中央，由人民而政府，由部分而全体，近来觉得这种见解不甚精当，国家是一种有机体，全体与部分都息息相关，所以整顿中国，由中央而地方的改革，和由地方而中央的改革须得同时并进。不过从前一般社会运动家大半太重视国家大政，太轻视乡村细务了，我们此后应该排起队伍，"向民间去"。

我记得在香港听孙中山先生谈他当初何以想起革命的故事。他少年时在香港学医，欢喜在外面散步，他觉得香港街道既那样整洁，他香山县的街道就不应该那样污秽。他回到香山县，就亲自去打扫，后来居然把他们门前的街道打扫干净了。他因而想到一切社会上的污浊，都应该可以如此清理。这才是真正的革命家！别人不管，我自己只能做小事。别人鼓吹普及教育，我只提起粉笔诚诚恳恳地当一个中小学教员；别人提倡国货，我只能穿起土布衣到乡下去办一个小工厂；别人喊"打倒军阀"，我只能苦劝我的表兄不为非作歹；别人发电报攻击贿选，吾侪小人，发电报也没有人理会，我只能集合同志出死力和地方绅士奋斗，

四 谈中学生与社会运动

不叫买票卖票的事在我自己乡里发生。大事小事都要人去做。我不敢说别人做的不如我做的重要,但是别人如果定要拉我丢开这些末节去谈革命,我只能敬谢不敏(屠格涅夫的《父与子》里那位少年虚无党临死时所说的话,最使我感动,可惜书不在身旁,不能抄译给你看,你自己寻去罢)。

总而言之,到民间去!要到民间去,先要把学生架子丢开。我记得初进中学时,有一天穿着短衣出去散步,路上遇见一个老班同学,他立刻就竖起老班的喉嗓子问我:"你的长衫到哪里去了?"教育尊严,哪有学生出门而不穿长衫子?街上人看见学生不穿长衣,还成什么体统!我那时就逐渐觉得些学生的尊严了。有时提起篮子去买菜,也不免羞羞涩涩的,此事虽小,可以喻大。现在一般青年的心理大半都还没根本改变。学生自成一种特殊阶级,把社会看成待我改造的阶级。这种学者的架子早已拒人于千里之外,还谈什么社会运动!你尽管说运动,社会却不敢高攀,受你的运动。这不是近几年的情形么?

老实说,社会已经把你我看成眼中钉了。这并非完全是社会的过错。现在一般学生,有几个人配谈革命?吞剥捐款聚赌宿娼的是否没曾充过代表,赴过大会?勾结绅士政客以捣乱学校的是否没曾谈过教育尊严?向日本政府立誓感恩以分润庚子赔款的,是否没曾喊过打倒帝国主义?

其实，社会还算是客气，他们如要是提笔写学生罪状，怕没有材料吗？你也许说，任何团体都有少数败类，不能让全体替少数人负过。但是青年人都有过于自觉的幻觉，在你谈爱国谈革命以前，你总应该默诵几声："君子求诸己！"

话又说长了，再见罢！

你的朋友　孟实

五 谈十字街头

朋友：

　　岁暮天寒，得暇便围炉噏烟遐想。今日偶然想到日本厨川白村的《出了象牙之塔》和《走向十字街头》两部书，觉得命名大可玩味。玩味之余，不觉发生一种反感。

　　所谓"走向十字街头"有两种解释。从前学士大夫好以清高名贵相尚，所以力求与世绝缘，冥心孤往。但是闭户读书的成就总难免空疏虚伪。近代哲学与文艺都逐渐趋向写实，于是大家都极力提倡与现实生活接触。世传苏格拉底把哲学从天上搬到地下，这是"走向十字街头"的一种意义。

　　学术思想是天下公物，须得流布人间，以求雅俗共赏。威廉·莫里斯和托尔斯泰所主张的艺术民众化，叔琴先生在《一般》诞生号中所主张的特殊的一般化，爱迪生所谓的把哲学从教室、图书馆搬到茶寮客座，这是"走向十字街头"的另一意义。

这两种意义都含有极大的真理。可是在这"德谟克拉西"呼声极高的时代，大家总不免忘记关于十字街头的另一面真理。

十字街头的空气中究竟含有许多腐败剂，学术思想出了象牙之塔到了十字街头以后，一般化的结果常不免流为俗化（vulgarized）。昨日的殉道者，今日或成为市场偶像，而真纯面目便不免因之污损了。到了市场而不成为偶像，成偶像而不至于破落，都是很难的事。老庄经过流俗化以后，其结果乃为白云观以静坐骗铜子的道士。易学经过流俗化以后，其结果乃为街头摆摊卖卜的江湖客。佛学经过流俗化以后，其结果乃为祈财求子的三姑六婆和秃头肥脑的蠢和尚。这都是世人所共见周知的。不必远说，且看西方科学、哲学和文学落到时下一帮打学者幌子冒牌的人手里，弄得成何体统！

寂居文艺之宫，固然会像不流通的清水，终究要变成污浊恶臭的。可是十字街头的叫嚣，十字街头的尘粪，十字街头的挤眉弄眼，都处处引诱你汩没自我。臣门如市，臣心就决不能如水。名利、声势、虚伪、刻薄、肤浅、欺侮等等字样，听起来多么刺耳朵，实际上谁能摆脱得净尽？所以站在十字街头的人们——尤其是你我等青年——要时时戒备十字街头的危险，要时时回首瞻顾象牙之塔。

十字街头上握有最大权威的是习俗。习俗有两种，一为传说（Tradition），一为时尚（Fashion）。儒家的礼教，五芳斋的馄饨，是传说；新文化运动，四马路的新装，是时尚。传说尊旧，时尚趋新，新旧虽不同，而盲从附和，不假思索，则根本无二致。社会是专制的，是压迫的，是不容自我伸张的。比方九十九个人守贞节，你一个人偏要不贞，你固然是伤风败俗，大逆不道；可是如果九十九个人都是娼妓，你一个人偏要守贞节，你也会成为社会公敌，被人唾弃的。因此，苏格拉底所以饮鸩，伽利略所以被教会加罪，罗曼·罗兰、罗素所以在欧战期中被人谩骂。

本来风化习俗这件东西，孽虽造得不少，而为维持社会安宁计，却亦不能尽废。人与人相接触，问题就会发生。如果世界只有我，法律固为虚文，而道德也便无意义。人类须有法律道德维持，固足证其顽劣；然而人类既顽劣，道德法律也就不能勾销。所以老庄上德不德绝圣弃智的主张，理想虽高，而究不适于顽劣的人类社会。

习俗对于维持社会安宁，自有相当价值，我们是不能否认的。可是以维持安宁为社会唯一目的，则未免大错特错。习俗是守旧的，而社会则须时时翻新，才能增长滋大，所以习俗有时时打破的必要。人是一种贱动物，只好模仿因袭，不乐改革创造。所以维持固有的风化，用不着你费力。你让它去，世间自有一帮庸人懒人去担心。可是要打破一种习俗，却不是一件易事。物理学上仿佛有一条定律说，凡物既静，不加力不动。而所加的力必比静物的惰力大，才能使它动。打破习俗，你须以一二人之力，抵抗千万人之惰力，所以非有雷霆万钧的力量不可。因此，习俗的背叛者比习俗的顺从者较为难能可贵。从历史看社会进化，都是靠着几个站在十字街头而能向十字街头宣战的人。这帮人的报酬往往不是十字架，就是断头台。可是世间只有他们才是不朽，倘若世界没有他们这些殉道者，人类早已为乌烟瘴气闷死了。

一种社会所最可怕的不是民众肤浅顽劣，因为民众通常都是肤浅顽劣的。它所最可怕的是没有在肤浅卑劣的环境中而能不肤浅不卑劣的人。比方英国民众就是很沉滞顽劣的，然而在这种沉滞顽劣的社会中，偶尔跳出一二个性坚强的人，如雪莱、卡莱尔、罗素等，其特立独行的胆与识，却非其他民族所可多得。这是英国人力量所在的地方。路易·狄更生尝批评日本，说它是一个没有柏拉图和亚里士多德的希腊，所以不能造就伟大的境界。据生物学家说，物竞天择的结果不能产生新种，须经突变（sports）。所谓突变，是指不像同种的新裔。社会也是如此，它能否生长滋大，就看它有无突变式的分子；换句话说，就看十字街头的矮人群中有没有几个大汉。

说到这点，我不能不替我们中国人汗颜了。处人胯下的印度还有一位泰戈尔和一位甘地，而中国满街只是一些打冒牌的学者和打冒牌的社会运动家。强者皇然叫嚣，弱者随声附和，旧者盲从传说，新者盲从时尚，相习成风，每况愈下，而社会之浮浅顽劣虚伪酷毒，乃日不可收拾。在这个当儿，站在十字街头的青年怎能免彷徨失措？朋友，昔人临歧而哭，假如你看清你面前的险径，你会心寒胆裂哟！围着你的全是肤浅顽劣虚伪酷毒，你只有两种应付方法：你只有和它冲突，要不然，就和它妥洽。在现时这种状况之下，冲突就是烦恼，妥洽就是堕落。无论走哪一条路，结果都是悲剧。

但是，朋友，你我正不必因此颓丧！假如我们的力量够，冲突的结果，也许是战胜。让我们相信世界达真理之路只有自由思想，让我们时时记着十字街头肤浅虚伪的传说和时尚都是真理路上的障碍，让我们本着少年的勇气把一切市场偶像打得粉碎！

最后，打破偶像，也并非鲁莽叫嚣所可了事。鲁莽叫嚣还是十字街头的特色，是肤浅卑劣的表征。我们要能于叫嚣扰攘中：以冷静态度，灼见世弊；以深沉思考，规划方略；以坚强意志，征服障碍。总而言之，我们要自由伸张自

我,不要泪没在十字街头的影响里去。

朋友,让我们一齐努力罢!

你的朋友 孟实

六　谈多元宇宙

朋友：

你看到"多元宇宙"这个名词，也许联想到詹姆斯的哲学名著。但是你不用害怕我谈玄，你知道我是一个不懂哲学而且厌听哲学的人。今天也只是吃家常便饭似的，随便谈谈，与詹姆斯毫无关系。

年假中朋友们来闲谈，"言不及义"的时候，动辄牵涉到恋爱问题。各人见解不同，而我所援以辩护恋爱的便是我所谓的"多元宇宙"。

什么叫作"多元宇宙"呢？

人生是多方面的，每方面如果发展到极点，都自有其特殊宇宙和特殊价值标准。我们不能以甲宇宙中的标准，测量乙宇宙中的价值。如果勉强以甲宇宙中的标准，测量乙宇宙中的价值，则乙宇宙便失其独立性，而只在乙宇宙中可尽量发展的那一部分性格便不免退处于无形。

各人资禀、经验不同，而所见到的宇宙，其种类多寡、量积大小也不一致。一般人所以为最切己而最推重的是"道

德的宇宙"。"道德的宇宙"是与社会俱生的。如果世间只有我,"道德的宇宙"便不能成立。比方没有父母,便无孝慈可言;没有亲友,便无信义可言。人与人相接触以后,然后道德的需要便因之而起。人是社会的动物,而同时又秉有反社会的天性。想调剂社会的需要与利己的欲望,人与人之间的关系不能不有法律道德为之维护。因有法律存在,我不能以利己欲望妨害他人,他人也不能以利己欲望妨害我,于是彼此乃宴然相安。因有道德存在,我尽心竭力以使他人享受幸福,他人也尽心竭力以使我享受幸福,于是彼此乃欢然同乐。社会中种种成文的礼法和默认的信条都是根据这个基本原理。服从这种礼法和信条便是善,破坏这种礼法和信条便是恶。善恶便是"道德的宇宙"中的价值标准。

我们既为社会中人,享受社会所赋予的权利,便不能不对于社会负有相当义务,不能不趋善避恶,以求达到"道德的宇宙"的价值标准的最高点。在"道德的宇宙"中,如果能登峰造极,也自能实现伟大的自我,孔子、苏格拉底和耶稣诸人的风范所以照耀千古。

但是"道德的宇宙"绝不是人生唯一的宇宙,而善恶也绝不能算是一切价值的标准,这是我们中国人往往忽略的道理。

六 谈多元宇宙

比方在"科学的宇宙"中,善恶便不是合适的价值标准。"科学的宇宙"中的适当的价值标准只是真伪。科学家只问:我的定律是否合于事实?这个结论是否没有讹错?他们决问不到:"物体向地心下坠"合乎道德吗?"勾方加股方等于弦方"有些不仁不义罢?固然"科学的宇宙"也有时和"道德的宇宙"相抵触,但是科学家只当心真理而不顾社会信条。伽利略宣传哥白尼的地动说,达尔文主张生物是进化而不是神造的,就教会眼光看,他们都是不道德的,因为他们直接地辩驳《圣经》,间接地动摇宗教和它的道德信条。可是伽利略和达尔文是"科学的宇宙"中的人物,从"道德的宇宙"所发出来的命令,他们则不敢奉命唯谨。科学家的这种独立自由的态度到现代更渐趋明显。比方伦理学从前是指导行为的规范科学,而近来却都逐渐向纯粹科学的路上走,它们的问题也逐渐由"应该或不应该如此"变为"实在是如此或不是如此"了。

其次,"美术的宇宙"也是自由独立的。美术的价值标准既不是是非,也不是善恶,只是美丑。从希腊以来,学者对于美术有三种不同的见解。一派以为美术含有道德的教训,可以陶冶性情。一派以为美术的最大功用只在供人享乐。第三派则折中两说,以为美术既是教人道德的,又是供人享乐的。好比药丸加上糖衣,吃下去又甜又受用。

这三种学说在近代都已被人推翻了。现代美术家只是"为美术而言美术"（art for art's sake）。意大利美学泰斗克罗齐并且说美和善是绝对不能混为一谈的。因为道德行为都是起于意志，而美术品只是直觉得来的意象，无关意志，所以无关道德。这并非说美术是不道德的，美术既非"道德的"，也非"不道德的"，它只是"超道德的"。说一个幻想是道德的，或者说一幅画是不道德的，是无异于说一个方形是道德的，或者说一个三角形是不道德的，同为毫无意义。美术家最大的使命求创造一种意境，而意境必须超脱现实。我们可以说，在美术方面，不能"脱实"便是不能"脱俗"。因此，从"道德的宇宙"中的标准看，曹操、阮大铖、李波·李披（Fra Lippo Lippi）和拜伦一帮人都不是圣贤，而从"美术的宇宙"中的标准看，这些人都不失其为大诗家或大画家。

再其次，我以为恋爱也是自成一个宇宙；在"恋爱的宇宙"里，我们只能问某人之爱某人是否真纯，不能问某人之爱某人是否应该。其实就是问"应该不应该"的问题，恋爱也是不能打消的。从生物学观点看，生殖对于种族为重大的利益，而对于个体则为重大的牺牲。带有重大的牺牲，不能不兼有重大的引诱，所以性欲本能在诸本能中最为强烈。我们可以说，人应该生存，应该绵延种族，所以应该恋爱。但是这番话仍然是站在"道德的宇宙"中说的，在"恋爱的宇宙"中，恋爱不是这样机械的东西，它是至上的，神圣的，含有无穷奥秘的。在恋爱的状态中，两人脉搏的一起一落，两人心灵的一往一复，都恰能忻合无间。在这种境界，如果身家、财产、学业、名誉、道德等等观念渗入一分，则恋爱真纯的程度便须减少一分。真能恋爱的人只是为恋爱而恋爱，恋爱以外，不复另有宇宙。

"恋爱的宇宙"和"道德的宇宙"虽不必定要不能相容，而在实际上往往互相冲突。恋爱和道德相冲突时，我们既不能两全，应该牺牲恋爱呢，还是牺牲道德呢？道德家说，道德至上，应牺牲恋爱。爱伦凯一帮人说，恋爱至上，应牺牲道德。就我看，这所谓的"道德至上"与"恋爱至上"都未免笼统。我们应该加上形容句子说，在"道德的宇宙"中道德至上，在"恋爱的宇宙"中恋爱至上。所以遇着恋爱和道德相冲突时，社会本其"道德的宇宙"的标准，对于恋爱者大肆攻击诋毁，是分所应有的事，因为不如此则社会赖以维持的道德难免隳丧；而恋爱者整个地酕醉于"恋爱的宇宙"里，毅然不顾一切，也是分所应有的事，因为不如此则恋爱不真纯。

"恋爱的宇宙"中，往往也可以表现出最伟大的人格。我时常想，能够恨人恨到极点的人和能够爱人爱到极点的人都不是庸人。日本民族是一个有生气的民族，因他们中间有人能够以嫌怨杀人，有人能够为恋爱自杀。我们中国人随在都讲"中庸"，恋爱也只能达到温汤热。所以为恋爱而受社会攻击的人，立刻就登报自辩。这不能不算是根性浅薄的表征。

朋友，我每次写信给你都写到第六张信笺为止。今天已写完第六张信笺了，可是如果就此搁笔，恐怕不免叫人误解，让我在收尾时郑重声明一句罢。恋爱是至上的，是神圣的，所以也是最难遭遇的。"道德的宇宙"里真正的圣贤少，"科学的宇宙"里绝对真理不易得，"美术的宇宙"里完美的作家寥寥，"恋爱的宇宙"里真正的恋爱人更是凤毛麟角。恋爱是人格的交感共鸣，所以恋爱真纯的程度以人格高下为准。一般人误解恋爱，动于一时飘忽的性欲冲动而发生婚姻关系，境过则情迁，色衰则爱弛，这虽是冒名恋爱，实则只是纵欲。我为真正的恋爱辩护，我却不愿为纵欲辩护；我愿青年懂得恋爱神圣，我却不愿青年在血气未定的时候，去盲目地假恋爱之名寻求泄欲。

意长纸短，你大概已经懂得我的主张了罢。

你的朋友　孟实

七　谈升学与选课

朋友：

　　你快要在中学毕业，此时升学问题自然常在脑中盘旋。这一着也是人生一大关键，所以，值得你慎而又慎。

　　升学问题分析起来便成为两个问题，第一是选校问题，第二是选科问题。这两个问题自然是密切相关的，但是为说话清晰起见，分开来说，较为便利。

　　我把选校问题放在第一，因为青年们对于选校是最容易走入迷途的。现在中国社会还带有科举时代的资格迷。比方小学才毕业便希望进大学，中学才毕业便希望出洋，出洋基本学问还没有做好，便希望掇拾中国古色斑斑的东西去换博士。学校文凭只是一种找饭碗的敲门砖。学校招牌愈亮，文凭就愈行时，实学是无人过问的。社会既有这种资格迷，而资格买卖所便乘机而起。租三间铺面，拉拢一个名流当"名誉校长"，便可挂起一个某某大学的招牌。只看上海一隅，大学的总数比较英或法全国大学的总数似乎还要超过，谁说中国文化没有提高呢？大学既多，只是

称"大学"还不能动听,于是"大学"之上又冠以"美国政府注册"的头衔。既"大学"而又在"美国政府注册",生意自然更加茂盛了。何况许多名流又肯"热心教育"做"名誉校长"呢!

朋友,可惜这些多如牛毛的大学都不能解决我们升学的困难,因为那些有"名誉校长"或是"美国政府注册"的大学,是预备让有钱可花的少爷公子们去逍遥岁月,像你我之类既无钱可花,又无时光可花,只好望望然去罢。好在他们的生意并不会因我们"杯葛"而低落的。<u>我们求学最难得的是诚恳的良师与和爱的益友,所以选校应该以有无诚恳、和爱的空气为准。</u>如果能得这种学校空气,无论是大学不是大学,我们都可以心满意足。做学问全赖自己,做事业也全赖自己,与资格都无关系。我看过许多留学生程度不如本国大学生,许多大学生程度不如中学生。至于凭资格去混事做,学校的资格在今日是不大高贵的,你如果作此想,最好去逢迎奔走,因为那是一条较快捷的路径。

升学问题,跨进大学门限以后,还不能算完全解决。选科选课还得费你几番踌躇。在选课的当儿,个人兴趣与社会需要常不免互相冲突。许多人升学选课都以社会需要为准。从前人都欢迎速成法政;我在中学时代,许多同学都希望进军官学校或是教会大学,我进了高等师范,那要算是穷人末路。那时高等师范里最时髦的是英文科，我选了国文科，那要算是腐儒末路。杜威来中国时，哥伦比亚大学的留学生把教育学也弄得很热闹。近来书店逐渐增多，出诗文集一天容易似一天，文学的风头也算是出得十足透顶。听说现在法政经济又很走时了。朋友，你是学文学或是学法政呢？"学以致用"本来不是一种坏的主张，但是资禀、兴趣人各不同，你假若为社会需要而忘却自己，你就未免是一位"今之学者"了。任何科目，只要和你的兴趣、资禀相近，都可以发挥你的聪明才力，都可以使你效用于社会。所以你选课时，旁的问题都可以丢开，只要问："这门功课合我的胃口么？"

我时常想，做学问，做事业，在人生中都只能算是第二桩事。人生第一桩事是生活。我所谓的"生活"是"享受"，是"领略"，是"培养生机"。假若为学问为事业而忘却生活，那种学问事业在人生中便失去其真正的意义与价值。因此，我们不应该把自己看作社会的机械。一味迎合社会需要而不顾自己兴趣的人，就没有明白这个简单的道理。

我把生活看作人生第一桩要事，所以不赞成早谈专门；早谈专门便是早走狭路，而早走狭路的人对于生活常不能见得面面俱到。前天G君对我谈过一个故事，颇有趣，很可说明我的道理。他说，有一天，一个中国人、一个印度人和一位美国人游历,走到一个大瀑布前面,三人都看得发呆。中国人说:"自然真是美丽!"印度人说:"在这种地方才见到神的力量呢!"美国人说:"可惜偌大水力都空费了!"这三句话各各不同,各有各的真理,也各有各的缺陷。在完美的世界里,我们在瀑布中应能同时见到自然的美丽、神力的广大和水力的实用。许多人因为站在狭路上,只能见到诸方面的某一面,便说他人所见到的都不如他的真确。前几年大家曾像煞有介事地争辩哲学和科学,争辩美术和宗教,不都是坐井观天诬天渺小么?

我最怕和谈专门的书呆子在一起,你同他谈话,他三句话就不离本行。谈到本行以外,旁人所以为兴味盎然的事物,他听之则麻木不能感觉。像这样的人是因为做学问而忘记生活了。我特地提出这一点来说,因为我想现在许多人大谈职业教育,而不知单讲职业教育也颇危险。我并非反对职业教育,我却深深地感觉到职业教育应该有宽大自由教育(Liberal education)做根底。倘若先没有多方面的宽大自由教育做根底,则职业教育的流弊,在个人方面,常使生活单调乏味;在社会方面,常使文化肤浅褊狭。

许多人一开口就谈专门(specialization),就谈研究(research work)。他们说,欧美学问进步之所以迅速,由于治学尚专门。原来不专则不精,固是自然之理,可是"专"

也并非是任何人所能说的。倘若基础树得不宽广，你就是"专"，也决不能专到多远路。自然和学问都是有机的系统，其中各部分常息息相通，牵此则动彼。倘若你对于其他各部分都茫无所知，而专门研究某一部分，实在是不可能的。哲学和历史，须有一切学问做根底；文学与哲学、历史也密切相关；科学是比较可以专习的，而实亦不尽然。比方生物学，要研究到精深的地步，不能不通化学，不能不通物理学，不能不通地质学，不能不通数学和统计学，不能不通心理学。许多人连动物学和植物学的基础也没有，便谈专门研究生物学，是无异于未学爬而先学跑的。我时常想，学问这件东西，先要能博大而后能精深。"博学守约"，真是至理名言。亚里士多德是种种学问的祖宗。康德在大学里几乎能担任一切功课的教授。歌德盖代文豪而于科学上也很有建树。亚当·斯密是英国经济学的始祖，而他在大学是教授文学的。近如罗素，他对于数学、哲学、政治学样样都能登峰造极。这是我信笔写来的几个确例。西方大学者（尤其是在文学方面）大半都能同时擅长几种学问的。

　　我从前预备再做学生时，也曾痴心妄想过专门研究某科中的某某问题。来欧以后，看看旁人做学问所走的路径，总觉悟像我这样浅薄，就谈专门研究，真可谓"颜之厚矣"！我此时才知道从前在国内听大家所谈的"专门"是怎么一回事。中国一般学者的通病就在不重根基而侈谈高远。比方"讲东西文化"的人，可以不通哲学，可以不通文学和美术，可以不通历史，可以不通科学，可以不懂宗教，而信口开河，凭空立说；历史学者闻之窃笑，科学家闻之窃笑，文艺批评学者闻之窃笑，只是发议论者自己在那里洋洋得意。再比方著世界文学史的人，法国文学可以不懂，英国文学可以不懂，德国文学可以不懂，希腊文学可以不懂，中国文学可以不懂，而东抄西袭，堆砌成篇，使法国文学学者见之窃笑，英国文学学者见之窃笑，中国文学学者见之窃笑，只是著书人在那里大吹喇叭。这真所谓"放屁放屁，真正岂有此理"！

朋友，你就是升到大学里去，千万莫要染着时下习气，侈谈高远而不注意把根基打得宽大稳固。我和你相知甚深，客气话似用不着说。我以为你在中学所打的基本学问的基础还不能算是稳固，还不能使你进一步谈高深专门的学问。至少在大学头一二年中，你须得尽力多选功课，所谓多选功课，自然也有一个限制。贪多而不务得，也是一种毛病。我是说，在你的精力、时间可能范围以内，你须极力求多方面的发展。

最后，我这番话只是对你的情形而发的。我不敢说一切中学生都要沿着这条路走。但是对于预备将来专门学某一科而谋深造的人，尤其是所学的关于文、史、哲和社会科学方面，我的忠告总含有若干真理。

同时，我也很愿听听你自己的意见。

你的朋友 孟实

八 谈作文

朋友：

　　我们对于许多事，自己愈不会做，愈望朋友做得好。我生平最大憾事就是对于美术和运动都一无所长。幼时薄视艺事为小技，此时亦偶发宏愿去学习，终苦于心劳力拙，怏怏然废去。所以每遇年幼好友，就劝他趁早学一种音乐，学一项运动。

　　其次，我极羡慕他人做得好文章。每读到一种好作品，看见自己所久想说出而说不出的话，被他人轻轻易易地说出来了，一方面固然以作者"先获我心"为快，而另一方面也不免心怀惭怍，唯其惭怍，所以每遇年幼好友，也苦口劝他练习作文，虽然明明知道人家会奚落我说："你这样起劲谈作文，你自己的文章就做得'蹩脚！'"

　　文章是可以练习的么？迷信天才的人自然嗤着鼻子这样问。但是在一切艺术里，天资和人力都不可偏废。古今许多第一流作者大半都经过刻苦的推敲揣摩的训练。法国福楼拜尝费三个月的功夫做成一句文章；莫泊桑常登门请教，福楼拜叫他把十年辛苦成就的稿本付之一炬，重新起首学描实境。我们读莫泊桑那样的极自然极轻巧极流利的小说，谁想到他的文字也是费功夫作出来的呢？我近来看见两段文章，觉得是青年作者应该悬为座右铭的，写在下面给你看看。

一段是从托尔斯泰的儿子伊利亚·托尔斯泰伯爵（Count Ilya Tolstoy）所做的《回想录》（Reminiscences）里面译出来的，这段记载托尔斯泰著《安娜·卡列尼娜》（Anna Karenina）修稿时的情形。他说："《安娜·卡列尼娜》初登俄报 Vyestnik 时，底页都须寄吾父亲自己校对。他起初在纸边加印刷符号如删削句读等。继而改字，继而改句，继而又大加增删，到最后，那张底页便成百孔千疮，糊涂得不可辨识。幸吾母尚能认清他的习用符号以及更改增删。她常终夜不眠替吾父誊清改过的底页。次晨，她便把他很整洁的清稿摆在桌上，预备他下来拿去付邮。吾父把这清稿又拿到书房里去看'最后一遍'，到晚间这清稿又重新涂改过，比原来那张底页要更加糊涂，吾母只得再抄一遍。他很不安地向吾母道歉：'松雅吾爱，真对不起你，我又把你誊的稿子弄糟了，我再不改了，明天一定发出去。'但是明天之后又有明天。有时甚至于延迟几礼拜或几月。他总是说：'还有一处要再看一下。'于是把稿子再拿去改过。

再誊清一遍。有时稿子已发出了，吾父忽然想到还要改几个字，便打电报去吩咐报馆替他改。"

你看托尔斯泰对文字多么谨慎，多么不惮烦！此外小泉八云给张伯伦教授（Prof. Chamberlain）的信也有一段很好的自白，他说："……题目择定，我先不去运思，因为恐怕易生厌倦。我作文只是整理笔记。我不管层次，把最得意的一部分先急忙地信笔写下。写好了，便把稿子丢开，去做其他较适宜的工作。到第二天，我再把昨天所写的稿子读一遍，仔细改过，再从头至尾誊清一遍，在誊清中，新的意思自然源源而来，错误也呈现了，改正了。于是我又把它搁起，再过一天，我又修改第三遍。这一次是最重要的，结果总比原稿大有进步，可是还不能说完善。我再拿一片干净纸作最后的誊清，有时须誊两遍。经过这四五次修改以后，全篇的意思自然各归其所，而风格也就改定妥帖了。"

小泉八云以美文著名，我们读他这封信，才知道他的成功秘诀。一般人也许以为这样咬文嚼字近于迂腐。在青年心目中，这种训练尤其不合胃口。他们总以为能倚马千言不加点窜的才算好角色。这种念头不知误尽多少苍生！在艺术田地里比在道德田地里，我们尤其要讲良心。稍有苟且，便不忠实。听说印度的甘地主办一种报纸，每逢作文之先,必斋戒静坐沉思一日夜然后动笔。我们以文字骗饭吃的人们对此能不愧死么?

文章像其他艺术一样,"神而明之,存乎其人",精微奥妙都不可言传,所可言传的全是糟粕。不过初学作文也应该认清路径,而这种路径是不难指点的。

学文如学画,学画可临帖,又可写生。在这两条路中间,写生自然较为重要。可是临帖也不可一笔勾销,笔法和意境在初学时总须从临帖中领会。从前中国文人学文大半用临帖法。每人总须读过几百篇或几千篇名著,揣摩呻吟,至能背诵,然后执笔为文,手腕自然纯熟。欧洲文人虽亦重读书,而近代第一流作者大半由写生入手。莫泊桑初请教于福楼拜,福楼拜叫他描写一百个不同的面孔。霸若因为要描写吉卜赛野人的生活,便自己去和他们同住。可是这并非说他们完全不临帖。许多第一流作者起初都经过模仿的阶段。莎士比亚起初模仿英国旧戏剧作者。布朗宁起初模仿雪莱。陀思妥耶夫斯基和许多俄国小说家都模仿雨果。我以为向一般人说法,临帖和写生都不可偏废。所谓临帖在多读书。中国现当新旧交替时代,一般青年颇苦无书可读。新作品寥寥有数,而旧书又受复古反动影响,为新文学家所不乐道。其实冬烘学究之厌恶新小说和白话诗,和新文学运动者之攻击读经和念古诗文,都是偏见。文学上只有好坏的分别，没有新旧的分别。青年们读新书已成时髦，用不着再提倡，我只劝有闲功夫有好兴致的人对于旧书也不妨去读读看。

读书只是一步预备的功夫，真正学作文，还要特别注意写生。要写生，须勤做描写文和记叙文。中国国文教员们常埋怨学生们不会做议论文。我以为这并不算奇怪。中学生的理解和知识大半都很贫弱，胸中没有议论，何能做得出议论文？许多国文教员们叫学生入手就做议论文，这是没有脱去科举时代的陋习。初学做议论文是容易走入空疏俗滥的路上去。我以为初学作文应该从描写文和记叙文入手，这两种文做好了，议论文是很容易办的。

这封信只就一时见到的几点说说。如果你想对于作文方法还要多知道一点，我劝你看看夏丏尊和刘薰宇两先生合著的《文章作法》。这本书有许多很精当的实例，对于初学者是很有用的。

你的朋友　孟实

九 谈情与理

朋友：

去年张东荪先生在《东方杂志》发表过两篇论文，讨论兽性问题，并提出理智救国的主张。今年李石岑先生和杜亚泉先生也为着同样问题，在《一般》上起过一番辩论。一言以蔽之，他们争论的焦点是：我们的生活应该受理智支配呢，还是应该受感情支配呢？张、杜两先生都是理智的辩护者，而李先生则私淑尼采，对于理智颇肆抨击。我自己在生活方面，常感着情与理的冲突。近来稍涉猎文学、哲学，又发现现代思潮的激变，也由这个冲突发轫。屡次手痒，想做一篇长文，推论情与理在生活与文化上的位置，因为牵涉过广，终于搁笔。在私人通信中大题不妨小做，而且这个问题也是青年亟宜了解的，所以趁这次机会，粗陈鄙见。

科学家讨论事理，对于规范与事实，辨别极严。规范是应然，是以人的意志定出一种法则来支配人类生活的。事实是实然的，是受自然法则支配的。比方伦理、教育、政治、法律、经济各种学问都侧重规范，数、理、化各种学问都侧重事实。规范虽和事实不同，而却不能不根据事实。比方在教育学中，"自由发展个性"是一种规范，而根据的是儿童心理学中的事实；在马克思派经济学中，"阶级斗争"和"劳工专政"都是规范，而"剩余价值"律和"人口过剩"律是他所根据的事实。但是一般人制定规范，往往不根据事实而根据自己的希望。不知人的希望和自然界的事实常不相侔，而规范是应该限于事实的。规范倘若不根据事实，则不特不能实现，而且漫无意义。比方在事实上二加二等于四，而人的希望往往超过事实，硬想二加二等于五。既以为二加二等于五是很好的，便硬定"二加二应该等于五"的规范，这岂不是梦语？

我所以不满意张东荪、杜亚泉诸先生的学说者，就因为他们既没有把规范和事实分别清楚，而又想离开事实，只凭自家理想去订规范。他们想把理智抬举到万能的地位，而不问在事实上理智是否万能；他们只主张理智应该支配一切生活，而不考究生活是否完全可以理智支配。我很奇怪张先生以柏格森的翻译者而抬举理智，我尤其奇怪杜先生想从哲学和心理学的观点去抨击李先生，而不知李先生的学说得自尼采，又不知他自己所根据的心理学早已陈死。

只论事实，世界文化和个人生活果能顺着理智所指的路径前进么？现代哲学和心理学对于这个问题所给的答案是否定的。

哲学家怎么说呢？现代哲学的主要潮流可以说主要是18世纪理智主义的反动。自尼采、叔本华以至于柏格森，没有人不看透理智的威权是不实在的。依现代哲学家看，宇宙的生命、社会的生命和个体的生命都只有目的而无先见（purposive without foresight）。所谓有目的，是说生命是有归宿的，是向某固定方向前进的。所谓无先见，是说在某归宿之先，生命不能自己预知归宿何所。比方母鸡孵卵，其目的在产小鸡，而这个目的却不必预存于母鸡的意识中。理智就是先见，生命不受先见支配，所以不受理智支配。这是现代哲学上一种主要思潮，而这个思潮在政治思想上演出两个相反的结论。其一为英国保守派政治哲学。他们说，理智既不能左右社会生命，所以我们应该让一切现行制度依旧存在，它们自己会变好，不用人费力去筹划改革。其一为法国行会主义（syndicalism）。这派激烈分子说，现行制度已经够坏了，把它们打破以后，任它们自己变去，纵然没有理智产生的建设方略，也绝不会有比现在更坏的制度发现出来。无论你相信哪一种说法，理智都不是万能的。

在心理学方面，理智主义的反动尤其剧烈。这种反动有两个大的倾向。第一个倾向是由边沁的享乐主义

（hedonism）转到麦独孤的动原主义（homic theory）。享乐派心理学者以为一切行为都不外寻求快感与避免痛感。快感与痛感就是行为的动机。吾人心中预存何者发生快感何者发生痛感的计算，而后才有寻求与避免的行为。换句话说，行为是理智的产品，而理智所去取，则以感觉之快与不快为标准。这种学说在18、19两世纪颇盛行，到了现代，因为受麦独孤心理学者的攻击，已成体无完肤。依麦独孤派学者看，享乐主义误在倒果为因。快感与痛感是行为的结果，不是行为的动机，动作顺利，于是生快感，动作受阻碍，于是生痛感；在动作未发生之前，吾人心中实未曾运用理智，预期快感如何寻求，痛感如何避免。行为的原动力是本能与情绪，不是理智。这个道理麦独孤在他的《社会心理学》里说得很精辟。

心理学上第二个反理智的倾向是弗洛伊德派的隐意识心理学。依这派学者看，心好比大海，意识好比海面浮着的冰山，其余汪洋深湛的统是隐意识。意识在心理中所占位置甚小，而理智在意识中所占位置又甚小，所以理智的能力是极微末的，通常所谓理智，大半是理性化（rationalisation）的结果，理智之来，常不在行为未发生之前，而在行为已发生之后。行为之发生，大半由隐意识中的情意综（complexes）主持。吾人于事后须得解释辩护，于是才找出种种理由来。这便是理性化。比方一个人钟爱一个女子，天天不由自主地走到她的寓所左右。而他自己所能举出的理由只不外乎"去看报纸""去访她哥哥""去看那棵柳树今天开了几片新叶"一类的话。照这样说，不特理智不易驾驭感情，而理智自身也不过是感情的变相。维护理智的人喜用弗洛伊德的升华说（sublimation）做护身符，不知所谓升华大半还是隐意识作用，其中情的成分比理的成分更加重要。

总观以上各点，我们可以知道，在事实上理智支配生活的能力是极微末、极薄弱的，尊理智抑感情的人在思想上是开倒车，是想由现世纪回到18世纪。开倒车固然不一定就是坏，可是要开倒车的人应该先证明现代哲学和心理学是错误的。不然，我们决难悦服。

更进一步，我们姑且丢开理智是否确能支配情感的问题，而衡量理智的生活是否确比情感的生活价值来得高。迷信理智的人不特假定理智能支配生活，而且假定理智的生活是尽善尽美的。第一个假定，我们已经知道，是与现代哲学和心理学相矛盾的，现在我们来研究第二个假定。

第一，我们应该知道理智的生活是很狭隘的。如果纯任理智，则艺术对于生活无意义，因为离开情感，音乐只是空气的震动，图画只是涂着颜色的纸，文学只是联串起来的字。如果纯任理智，则宗教对于生活无意义，因为离开情感，自然没有神奇，而冥感灵通全是迷信。如果纯任理智，则爱对于人生也无意义，因为离开情感，男女的结合只是为着生殖。我们试想生活中无艺术，无宗教（我是指宗教的狂热的情感与坚定信仰），无爱情，还有什么意义？记得几年前有一位学生物学的朋友在《学灯》上发表一篇文章，说穷到究竟，人生只不过是吃饭与交媾。他的题目我一时记不起，仿佛是"悲""哀"一类的字。专从理智着想，他的话是千真万确的。但是他忘记了人是有感情的动物。有了感情，这个世界便另是一个世界，而这个人生便另是一个人生，绝不是吃饭与交媾就可以了事的。

第二，我们应该知道理智的生活是很冷酷的，很刻薄寡恩的。理智指示我们应该做的事甚多，而我们实在做到的还不及百分之一。所做到的那百分之一大半是由于有情感在后面驱遣。比方我天天看见很可怜的乞丐，理智也天天提醒我赈济困穷的道理，可是除非我心中怜悯的情感触动时，我百回就有九十九回不肯掏腰包。前几天听见一位国学家投河的消息，和朋友们谈，大家都觉得他太傻。他固然是傻，可是世间有许多事项得有几分傻气的人才能去做。纯信理智的人天天都精打细算，有许多不利于己的事他决不肯去做的。历史上许多侠烈的事迹都是情感的而不是理智的。

人类如要完全信任理智,则不特人生趣味剥削无余,而道德亦必流为下品。严密说起,纯任理智的世界中只能有法律而不能有道德。纯任理智的人纵然也说道德,可是他们的道德是问理的道德(morality according to principle),而不是问心的道德(morality according to heart)。问理的道德迫于外力,问心的道德激于衷情,问理而不问心的道德,只能给人类以束缚而不能给人类以幸福。

比方中国人所认为百善之首的"孝",就可以当作问理的道德,也可以当作问心的道德。如果单讲理智,父母对于子女不能居功,而子女对于父母便不必言孝。这个道理胡适之先生在《答汪长禄书》里说得很透辟。他说:

> 父母于子无恩的话,从王充、孔融以来,也很久了……今年我自己生了一个儿子,我才想到这个问题上去。我想这个孩子自己并不曾自由主张要生在我家,我们做父母的也不曾得他的同意,就糊里糊涂地给他一条生命,况且我们也并不曾有意送给他这条生命。我们既无意,如何能居功?我们生一个儿子,就好比替他种了祸根,又替社会种了祸根……所以我们教他养他,只是我们减

轻罪过的法子……这可以说是恩典吗?

因此,胡先生不赞成把"儿子孝顺父母"列为一种"信条"。

胡先生所以得此结论,是假定孝只是一种报酬,只是一种问理的道德。把孝当作这样解释,我也不赞成把它"列为一种信条"。但是我们要知道真孝并不是一种报酬,并不是借债还息。孝只是一种爱,而凡爱都是以心感心,以情动情,决不像做生意买卖,时时抓住算盘子,计算你给我二五,我应该报偿你一十。换句话说,孝是情感的,不是理智的。世间有许多慈母,不惜牺牲一切,以养护她的婴儿;世间也有许多婴儿,无论到了怎样困穷忧戚的境遇,总可以把头埋在母亲的怀里,得那不能在别处得到的保护与安慰。这就是孝的起源,这也就是一切爱的起源。这种孝全是激于至诚的,是我所谓问心的道德。

孝不是一种报酬,所以不是一种义务,把孝看成一种义务,于是"孝"就由问心的道德降而为问理的道德了。许多人孝顺父母,并不是因为激于情感,只因为他想凡是儿子都须得孝顺父母,才成体统。礼至而情不至,孝的意义本已丧失。儒家想因存礼以存情,于是孝变成一种虚文。像胡先生所说:"无论怎样不孝的人,一穿上麻衣,带上高冠,拿着哭丧棒，人家就赞他做'孝子'了。"近人非孝，也是从理智着眼，把孝看作一种债息。其实与儒家末流犯同一毛病，问理的孝可非而问心的孝是不可非的。

孝不过是许多事例中之一种。其他一切道德也都可以有问心的和问理的分别。问理的道德虽亦不可少，而衡其价值，则在问心的道德之下。孔子讲道德注重仁字，孟子讲道德注重义字，仁比义更有价值，是孔门学者所公认的。仁就是问心的道德，义就是问理的道德。宋儒注"仁义"两个字说："仁者心之德，义者事之宜。"这是很精确的。

我说了这许多话，可以一言以蔽之，仁胜于义，问心的道德胜于问理的道德，所以情感的生活胜于理智的生活。生活是多方面的，我们不但要能够知（know），我们更要能够感（feel）。理智的生活只是片面的生活。理智没有多大能力去支配情感，纵使理智能支配情感，而理胜于情的生活和文化都不是理想的。

我对于这个问题还有许多的话，在这封信里只能言不尽意，待将来再说。

你的朋友 孟实

附　注

此文发表后曾蒙杜亚泉先生给了一个批评（见《一般》三卷三号），当时课忙，所以没有奉复。我此文结论中明明说过："问理的道德虽亦不可少，而衡其价值，则在问心的道德之下。"我并没有说把理智完全勾销。杜先生也说："我也主张主情的道德。"然则我们的意见根本并无二致，我不能不羡慕杜先生真有闲功夫。

杜先生一方面既然承认"朱先生说，'真孝并不是一种报酬'，这句话很精到的"，而另一方面又加上一句"但是'孝不是一种义务'这句话却错了"。我以为他可以说出一番大道理来，而下文不过是如此："至于父母，就是社会上担负教育子女义务的人……这种人在衰老的时候，社会也应该赡养他。"说明白一点，在子女幼时，父母曾为社会抚养子女；所以到父母老时，子女也应该为社会赡养父母。

请问杜先生，这是不是所谓报酬？承认我的"孝不是一种报酬"一语为"精到"，而说明"孝是一种义务"时，又回到报酬的原理，这似犯了维护理智的人们所谓的"矛盾律"。

"今之孝者，是谓能养"，杜先生大约还记得下文罢？我承认"养老""养小"都确是一种义务，我否认能尽这种义务就是孝慈。因为我主张于能尽养老的义务之外，还要有出于衷诚的敬爱，才能谓孝，所以我主张孝不是一种报酬。因为我主张孝不是一种报酬，所以我否认孝只是一种义务。杜先生同意"孝不是一种报酬"，而置疑"孝不是一种义务"，这也是矛盾。

维护理智的人，推理一再陷于矛盾，世间还有更好的凭据证明理智不可尽信么？

十　谈摆脱

朋友：

近来研究黑格尔（Hegel）讨论悲剧的文章，有时拿他的学说来印证实际生活，颇觉欣然有会意。许久没有写信给你，现在就拿这点道理作谈料。

黑格尔对于古今悲剧，最推崇希腊索福克勒斯（sophocles）的《安提戈涅》（Antigone）。安提戈涅的哥哥因为争王位，借重敌国的兵攻击他自己的祖国忒拜，他在战场上被打死了。忒拜新王克瑞翁（Creon）悬令，如有人敢收葬他，便处死罪，因为他是一个国贼。安提戈涅很像中国的聂嫈，毅然不避死刑，把她哥哥的尸骨收葬了。安提戈涅又是和克瑞翁的儿子海蒙（Haemo）订过婚的，她被绞以后，海蒙痛恨她，也自杀了。

黑格尔以为凡悲剧都生于两理想的冲突，而安提戈涅是最好的实例。就克瑞翁说，做国王的职责和做父亲的职责相冲突。就安提戈涅说，做国民的职责和做妹妹的职责相冲突。就海蒙说，做儿子的职责和做情人的职责相冲突。

因此冲突，故三方面结果都是悲剧。

黑格尔只是论文学，其实推广一点说，人生又何尝不是一种理想的冲突场？不过实在界和舞台有一点不同，舞台上的悲剧生于冲突之得解决，而人生的悲剧则多生于冲突之不得解决。生命旅程上的歧路尽管千差万别，而实际上只有一条路可走，有所取必有所舍，这是自然的道理。世间有许多人站在歧路上只徘徊顾虑，既不肯有所舍，便不能有所取。世间也有许多人既走上这一条路，又念念不忘那一条路，结果也不免差误时光。"鱼，我所欲也；熊掌，亦我所欲也。二者不可得兼，舍鱼而取熊掌者也。"有这样果决，悲剧绝不会发生。悲剧之发生就在既不肯舍鱼，又不肯舍熊掌，只在那儿垂涎打算盘。这个道理我可以举几个实例来说明。

"禾"是一个大学生，很好文学，而他那一班的功课有簿记、有法律，都是他所厌恶的。他每见到我便愁眉蹙额地说："真是无聊！天天只是预备考试！天天只是读这些没有意味的课本！"我告诉他："你既不欢喜那些东西，便把它们丢开就是了。"他说："既然花了家里的钱进学堂，总得要勉强敷衍考试才是。"我说："你要敷衍考试，就敷衍考试是了。"然而他天天嫌恶考试，天天又在那儿预备考试。

我有一个幼时的同学恋爱了一个女子。他的家庭极力阻止他。他每次来信都向我诉苦。我去信告诉他说:"你既然爱她,便毅然不顾一切去爱她就是了。"他又说:"家庭骨肉的恩爱就能够这样恝然置之么?"我回复他说:"事既不能两全,你便应该趁早疏绝她。"但是他到现在还是犹豫不知所可,还是照旧叫苦。

"禹"也是一个旧相识。他在衙门里充当一个小差役。他很能做文章,家里虽不丰裕,也还不至于没有饭吃。衙门里案牍和他的脾胃不很合,而且妨碍他著述。他时常觉得他的生活没有意味,和我谈心时,不是说:"唉,如果我不要就这个差事,这本稿子早已写成了。"就是说:"这事简直不是人干的,我回家陪妻子吃糙米饭去了!"像这样的话我也不知道听他说过多少回,但是他还是依旧风雨无阻地去应卯。

这些朋友的毛病都不在"见不到",而在"摆脱不开"。"摆脱不开"便是人生悲剧的起源。畏首畏尾,徘徊歧路,<u>心境既多苦痛,而事业也不能成就</u>。许多人的生命都是这样模模糊糊地过去的。要免除这种人生悲剧,第一须要"摆脱得开"。消极地说是"摆脱得开",积极地说便是"提得起",便是"抓得住"。认定一个目标,便专心致志地向那里走,其余一切都置之度外,这是成功的秘诀,也是免除烦恼的秘诀。现在姑且举几个实例来说明我所谓的"摆脱得开"。

释迦牟尼当太子时，乘车出游，看到生老病死的苦状，便恍然解悟人生虚幻，把慈父、娇妻、爱子和王位一齐抛开，深夜遁入深山，静坐菩提树下，冥心默想解脱人类罪苦的方法。这是古今第一个知道摆脱的人。其次如苏格拉底，如耶稣，如屈原，如文天祥，为保持人格而从容就死，能摆脱开一般人所摆脱不开的生活欲，也很可以廉顽立懦。再其次如希腊第欧根尼提倡克欲哲学，除一个饮水的杯子和一个盘坐的桶子以外，身旁别无长物。一日见童子用手捧水喝，他便把饮水的杯子也掷碎。犹太斯宾诺莎学说与犹太教义不合，犹太教徒行贿不遂，把他驱逐出犹太人居住区，他以后便专靠磨镜过活。他在当时是欧洲第一个大哲学家，海德堡大学请他去当哲学教授，他说："我还是磨我的镜子比较自由。"所以谢绝教授的位置。这是能为真理为学问摆脱一切的。卓文君逃开富家的安适，去陪司马相如当垆卖酒，是能为恋爱摆脱一切的。张翰在齐做大司马东曹掾，一天看见秋风乍起，想起吴中菰菜莼羹鲈鱼脍，立刻就弃官归里。陶渊明做彭泽令，不愿束带见督邮，向县吏说："我岂能为五斗米折腰向乡里小儿！"立即解绶辞官。这是能摆脱禄位以行吾心所安的。英国小说家司各特早年颇致力于诗，后读拜伦著作，知道自己在诗的方面不能有大成就，便丢开音律专去做他的小说。这是能为某一种学问而摆脱开其他学问之引诱的。孟敏堕甑，不顾而去。郭林宗问他缘故，他回答说："甑已碎，顾之何益？"这是能摆脱过去失败的。

史蒂文森论文，说文章之术在知遗漏（the art of omitting），其实不独文章如是，生活也要知所遗漏。我幼时，有一位最敬爱的国文教师看出我不知摆脱的毛病，尝在我的课卷后面加这样的批语："长枪短戟，用各不同，但精其一，已足制胜。汝才有偏向，姑发展其所长，不必广心博骛也。"十年以来，说了许多废话，看了许多废书，做了许多不中用的事，走了许多没有目标的路，多尝试，少成功，回忆师训，殊觉赧然，冷眼观察，世间像我这样暗中摸索的人正亦不少。大节固不用说，请问街头那芸芸众生为何奔忙？为什么天天做明知其无聊的工作，说明知其无聊的话，和明知其无聊的朋友假意周旋？在我看来，这都由于"摆脱不开"。因为人人都"摆脱不开"，所以生命便成了一幕最大的悲剧。

朋友，我写到这里，已超过寻常篇幅，把上面所写的翻看一过，觉得还没有把"摆脱"的道理说得透。我只谈到粗浅处，细微处让你自己暇时细心体会。

你的朋友　孟实

十一　谈在卢浮宫所得的一个感想

朋友：

　　去夏访巴黎卢浮宫，得摩挲《蒙娜丽莎》肖像的原迹，这是我生平一件最快意的事。凡是第一流美术作品都能使人在微尘中见出大千，在刹那中见出终古。列奥纳多·达·芬奇（Leonardo da Vinci）的这幅半身美人肖像纵横都不过十几寸，可是她的意蕴多么深广！佩特（Walter Pater）在《文艺复兴论》里说希腊、罗马和中世纪的特殊精神都在这一幅画里表现无遗。我虽然不知道佩特所谓希腊的生气、罗马的淫欲和中世纪的神秘是怎么一回事，可是从那轻盈笑靥里我仿佛窥透人世的欢爱和人世的罪孽。虽则见欢爱而无留恋，虽则见罪孽而无畏惧。一切希冀和畏避的念头在霎时间都涣然冰释，只游心于和谐静穆的意境。这种境界我在贝多芬的乐曲里，在《密罗斯爱神》（米罗的维纳斯）的雕像里，在《浮士德》诗剧里，也常隐约领略过，可是都不如《蒙娜丽莎》所表现得深刻明显。

　　我穆然深思，我悠然遐想，我想象到中世纪人们的热情，想象到达·芬奇作此画时费四个寒暑的精心结构,想象到丽莎夫人临画时听到四周的轻歌曼舞,如何发出那神秘的微笑。

正想得发呆时,这中世纪的甜梦忽然被现世纪的足音惊醒,一个法国向导领着一群(四五十个)男的女的美国人蜂拥而来了。向导操很拙劣的英语指着说:"这就是著名的《蒙娜丽莎》。"那帮肥颈项胖乳房的人们照例露出几种惊奇的面孔,说出几个处处用得着的赞美的形容词,不到三分钟又蜂拥而去了。一年四季,人们尽管川流不息地这样蜂拥而来蜂拥而去,丽莎夫人却时时刻刻在那儿露出你不知道是怀善意还是怀恶意的微笑。

从观赏《蒙娜丽莎》的群众回想到《蒙娜丽莎》的作者,我登时发生一种不调和的感触,从中世纪到现世纪,这中间有多么深多么广的一条鸿沟!中世纪的旅行家一天走上二百里已算飞快,现在坐飞艇不用几十分钟就可走几百里了。中世纪的著作家要发行书籍须得请僧侣或抄胥用手抄写,一个人朝于斯夕于斯的,一年还不一定能抄完一部书;现在大书坊每日可出书万卷,任何人都可以出文集诗集了。中世纪许多书籍是新奇的,连在近代,以培根、笛卡儿那样渊博,都没有机会窥亚里士多德的全豹,近如包慎伯到三四十岁时才有一次机会借阅《十三经注疏》;现在图书馆林立,贩夫走卒也能博通上下古今了。中世纪画《蒙娜丽莎》的人须自己制画具自己配颜料,作一幅画往往须三年五载才可成功;现在美术家每日可以成几幅乃至于十几幅"创作"了。中世纪人想看《蒙娜丽莎》须和作者或他的弟子有交谊,真能欣赏他,才能侥幸一饱眼福;现在卢浮宫好比十字街,任人来任人去了。

这是多么深多么广的一条鸿沟!据历史家说,我们已跨过了这鸿沟,所以我们现代文化比中世纪进步得多了。话虽如此说,而我对着《蒙娜丽莎》和观赏《蒙娜丽莎》的群众,终不免有所怀疑,有所惊惕。

在现世纪这样忙碌的生活中,哪里还能找出三年不窥园、十年成一赋的人?哪里还能找出深通哲学的磨镜匠,或者行乞读书的苦学生?现代科学和道德信条都比从前进步了,哪里还能迷信宗教崇尚侠义?我们固然没有前人的呆气,可是我们也没有前人的苦心与热情了。别的不说,就是看《蒙娜丽莎》也只像看破烂朝报了。

科学愈进步,人类征服环境的能力也愈大。征服环境的能力愈大,的确是人生一大幸福,但是它同时也易生流弊。困难日益少,而人类也愈把事情看得太容易,做一件事不免愈轻浮粗率,而艰苦卓绝的成就也便日益稀罕。比方从纽约到巴黎还像从前乘帆船时要经许多时日,冒许多危险,美国人穿过卢浮宫绝不会像他们穿过巴黎香榭里雪街一样匆促。我很坚决地相信，如果美国人所谓"效率"（efficiency）以外，还有其他标准可估定人生价值，现代文化至少含有若干危机的。

"效率"以外究竟还有其他估定人生价值的标准么？要回答这个问题，我们最好拿法国理姆（Reims）、亚眠（Amiens）等地几个中世纪的大教寺和纽约一座世界最高的钢铁房屋相比较，或者拿一幅湘绣和杭州织锦相比较，便易明白。如只论"效率"，杭州织锦和美国钢铁房屋都一样是机械的作品，较之湘绣和理姆大教寺，费力少而效率差不多总算没有可指摘之点。但是刺湘绣的闺女和建筑中世纪大教寺的工程师在工作时，刺一针线或叠一块砖，都要费若干心血，都有若干热情在后面驱遣，他们的心眼都钉在他们的作品上，这是近代只讲"效率"的工匠们所诧为呆拙的。<u>织锦和钢铁房屋用意只在适用，而湘绣和中世纪建筑于适用以外还要能慰情，还要能为作者力量气魄的结晶，还要能表现理想与希望。</u>假如这几点在人生和文化上自有意义与价值，"效率"绝不是唯一的估定价值的标准，尤其不是最高品的估定价值的标准。最高品估定价值的标准一定要着重人的成分（human element），遇见一种工作不仅估量它的成功如何，还有问它是否由努力得来的，是否为高尚理想与伟大人格之表现。如果它是经过努力而能表现理想与人格的工作，虽然结果失败了，我们也得承认它是有价值的。这个道理布朗宁（Browning）在 *Rabbi Ben Ezva* 那篇诗里说得最精透，我不会翻译，只择几段出来让你自己去玩味：

Not on the vulgar mass
Called "work", must sentence pass,
Things done, that took the eye and had the price;
O'er which, from level stand,
The low world laid its hand,
Found straight way to its mind, could value in a trice:

But all, the world's coarse thumb
And finger failed to plumb,
So passed in making up the main account;
All instincts immature,
All purposes unsure,
That weighed not as his work, yet swelled the man's amount:

Thoughts hardly to be packed

Into a narrow act,

Fancies that broke through thoughts and escaped:

All I could never be,

All, men ignored in me,

This, I was worth to God, whose wheel the pitcher shaped.

这几段诗在我生平所给的益处最大。我记得这几句话，所以能惊赞热烈的失败，能欣赏一般人所嗤笑的呆气和空想，能景仰不计成败的艰苦卓绝的努力。

假如我的十二封信对于现代青年能发生毫末的影响，我尤其虔心默祝这封信所宣传的超"效率"的估定价值的标准能印入个个读者的心孔里去；因为我所知道的学生们、学者们和革命家们都太贪容易，太浮浅粗疏，太不能深入，太不能耐苦，太类似美国旅行家看《蒙娜丽莎》了。

你的朋友　孟实

十二　谈人生与我

朋友：

　　我写了许多信，还没有郑重其事地谈到人生问题，一则是因为这个问题实在谈滥了，一则也因为我看这个问题并不如一般人看得那样重要。在这最后一封信里我之所以提出这个滥题来讨论，并不是要说出什么一番大道理，不过把我自己平时几种对于人生的态度随便拿来作一次谈料。

　　我有两种看待人生的方法。在第一种方法里，我把我自己摆在前台，和世界上的一切人和物在一块儿玩把戏；在第二种方法里，我把我自己摆在后台，袖手看旁人在那儿装腔作势。

　　站在前台时，我把我自己看得和旁人一样，不但和旁人一样，并且和鸟兽虫鱼诸物也都一样。人类比其他物类痛苦，就因为人类把自己看得比其他物类重要。人类中有一部分人比其余的人痛苦，就因为这一部分人把自己看得比其余的人重要。比方穿衣吃饭是多么简单的事，然而在这个世界里居然成为一个极重要的问题，就因为有一部分人要亏人自肥。再比方生死，这又是多么简单的事，无量数人和无量数物都已生过来死过去了。一个小虫让车轮压死了，或者一朵鲜花让狂风吹落了，在虫和花自己都决不值得计较或留恋，而在人类则生老病死以后偏要加上一个苦字。这无非是因为人们希望造物主宰待他们自己应该比草木虫鱼特别优厚。

因为如此着想，我把自己看作草木虫鱼的侪辈，草木虫鱼在和风甘露中是那样活着，在炎暑寒冬中也还是那样活着。像庄子所说，它们"诱然皆生，而不知其所以生；同焉皆得，而不知其所以得"。它们时而戾天跃渊，欣欣向荣，时而含葩敛翅，晏然蛰处，都顺着自然所赋予的那一副本性。它们决不计较生活应该是如何，决不追究生活是为着什么，也决不埋怨上天待它们特薄，把它们供人类宰割凌虐。在它们说，生活自身就是方法，生活自身也就是目的。

从草木虫鱼的生活，我觉得一个经验。我不在生活以外别求生活方法，不在生活以外别求生活目的。世间少我一个，多我一个，或者我时而幸运，时而受灾祸侵逼，我以为这都无伤天地之和。你如果问我，人们应该如何生活才好呢？我说，就顺着自然所给的本性生活着，像草木虫鱼一样。你如果问我，人们生活在这变幻无常的世相中究竟为着什么？我说，生活就是为着生活，别无其他目的。

你如果向我埋怨天公说,人生是多么苦恼呵!我说,人们并非生在这个世界来享幸福的,所以那并不算奇怪。

这并不是一种颓废的人生观。你如果说我的话带有颓废的色彩,我请你在春天到百花齐放的园子里去,看看蝴蝶飞,听听鸟儿鸣,然后再回到十字街头,仔细瞧瞧人们的面孔,你看谁是活泼,谁是颓废?请你在冬天积雪凝寒的时候,看看雪压的松树,看看站在冰上的鸥和游在水中的鱼,然后再回头看看遇苦便叫的那"万物之灵",你以为谁比较能耐苦持恒呢?

我拿人比禽兽,有人也许目为异端邪说。其实我如果要援引"经典",称道孔孟以辩护我的见解,也并不是难事。孔子所谓"知命",孟子所谓"尽性",庄子所谓"齐物",宋儒所谓"廓然大公,物来顺应",和希腊廊下派哲学,我都可以引申成一篇经义文,做我的护身符。然而我觉得这大可不必。<u>我虽不把自己比旁人看得重要,我也不把自己看得比旁人分外低能,如果我的理由是理由,就不用仗古圣先贤的声威。</u>

以上是我站在前台对于人生的态度。但是我平时很欢喜站在后台看人生。许多人把人生看作只有善恶分别的,所以他们的态度不是留恋,就是厌恶。我站在后台时把人和物也一律看待,我看西施、嫫母、秦桧、岳飞也和我看八哥、鹦鹉、甘草、黄连一样,我看匠人盖屋也和我看鸟鹊营巢、蚂蚁打洞一样,我看战争也和我看斗鸡一样,我看恋爱也和我看雄蜻蜓追雌蜻蜓一样。因此,是非善恶对我都无意义,我只觉得对着这些纷纭扰攘的人和物,好比看图画,好比看小说,件件都很有趣味。

这些有趣味的人和物之中自然也有一个分别。有些有趣味,是因为它们带有很浓厚的喜剧成分;有些有趣味,是因为它们带有很深刻的悲剧成分。

我有时看到人生的喜剧。前天遇见一个小外交官,他的上下巴都光光如也,和人说话时却常常用大拇指和食指在腮旁捻一捻,像有胡须似的。他们说这是官气,我看到这种举动比看诙谐画还更有趣味。许多年前一位同事常常很气愤地向人说:"如果我是一个女子,我至少已接得一尺厚的求婚书了!"偏偏他不是女子,这已经是喜剧;何况他又麻又丑,纵然他幸而为女子,也绝不会有求婚书的麻烦,而他却以此沾沾自喜,这总算得喜剧之喜剧了。这件事和英国文学家哥尔德斯密斯(1730-1774)的一段逸事一样有趣。他有一次陪几个女子在荷兰某一个桥上散步,看见桥上行人个个都注意与他同行的女子,而没有一个理睬他自己,便板起面孔很气愤地说:"哼,在别的地方也有人这样看我咧!"如此等类的事,我天天都见得着。在闲静寂寞的时候，我把这一类的小小事件从记忆中召回来，寻思玩味，觉得比抽烟饮茶还更有味。老实说，假如这个世界中没有曹雪芹所描写的刘姥姥，没有吴敬梓所描写的严贡生，没有莫里哀所描写的达尔杜弗和阿尔巴贡，生命更不值得留恋了。我感谢刘姥姥、严贡生一流人物，更甚于我感谢钱塘的潮和匡庐的瀑。

其次，人生的悲剧尤其能使我惊心动魄。许多人因为人生多悲剧而悲观厌世，我却以为人生有价值正因其有悲剧。我在几年前做的《无言之美》里曾说明这个道理，现在引一段来：

> 我们所居的世界是最完美的，就因为它是最不完美的。这话表面看来，不通已极。但是实含有至理。假如世界是完美的，人类所过的生活——比好一点，是神仙的生活；比坏一点，就是猪的生活——呆板单调已极。因为倘若件件事都尽美尽善了，自然没有希望发生，更没有努力奋斗的必要。人生最可乐的就是活动所生的感觉，就是奋斗成功而得的快慰。世界既完美，我们如何能尝创造成功的快慰？这个世界之所以美满，就在有缺陷，就在有希望的机会，有想象的田地。换

句话说，世界有缺陷，可能性才大。

这个道理李石岑先生在《一般》三卷三号所发表的《缺陷论》里也说得很透辟。悲剧也就是人生一种缺陷。它好比洪涛巨浪，令人在平凡中见出庄严，在黑暗中见出光彩。假如荆轲真正刺中秦始皇，林黛玉真正嫁了贾宝玉，也不过闹个平凡收场，哪得叫千载以后的人唏嘘赞叹？以李太白那样的天才，偏要和江淹戏弄笔墨，做了一篇《拟恨赋》，和《上韩荆州书》一样庸俗无味。毛声山评《琵琶记》，说他有意要做"补天石"传奇十种，把古今几件悲剧都改个快活收场，他没有实行，总算是一件幸事。人生本来要有悲剧才能算人生，你偏想把它一笔勾销，不说你勾销不去，就是勾销去了，人生反更索然寡趣。所以我无论站在前台或站在后台时，对于失败，对于罪孽，对于殃咎，都是一副冷眼看待，都是用一个热心惊赞。

朋友，我感谢你费去宝贵的时光读我的这十二封信，如果你不厌倦，将来我也许常常和你通信闲谈，现在让我暂时告别罢！

你的朋友 孟实

无言之美

孔子有一天突然很高兴地对他的学生说:"予欲无言。"子贡就接着问他:"子如不言,则小子何述焉?"孔子说:"天何言哉?四时行焉,百物生焉。天何言哉?"

这段赞美无言的话,本来从教育方面着想。但是要明了无言的意蕴,宜从美术观点去研究。

言所以达意,然而意绝不是完全可以言达的。因为言是固定的,有迹象的;意是瞬息万变,缥缈无踪的。言是散碎的,意是浑整的。言是有限的,意是无限的。以言达意,好像用断续的虚线画实物,只能得其近似。

所谓文学,就是以言达意的一种艺术。在文学作品中,语言之先的意象和情绪意旨所附丽的语言,都要尽美尽善,才能引起美感。

尽美尽善的条件很多。但是第一要不违背艺术的基本原理,要"和自然逼真"(true to nature)。这句话讲得通俗一点,就是说美术作品不能说谎。不说谎包含有两种意义:一、我们所说的话,就恰似我们所想说的话。二、我们所想说的话，我们都吐肚子说出来了，毫无余韵。

意既不可以完全达之以言，"和自然逼真"一个条件在文学上不是做不到么？或者我们问得再直截一点，假使语言文字能够完全传达情意，假使笔之于书的和存之于心的铢两悉称，丝毫不爽，这是不是文学上所应希求的一件事？

这个问题是了解文学及其他艺术所必须回答的。现在我们姑且答道：文字语言固然不能全部传达情绪意旨，假使能够，也并非文学所应希求的。一切艺术作品也都是这样，尽量表现，非唯不能，而也不必。

先从事实下手研究。譬如有一个荒村或任何物体，摄影家把它照一幅相，美术家把它画一幅画。这种相片和图画可以从两个观点去比较：第一，相片和图画，哪一个较"和自然逼真"？不消说得，在同一视阈以内的东西，相片都可以包罗尽致，并且体积比例和实物都两两相称，不会有丝毫错误。图画就不然。美术家对一种境遇，未表现之先，先加一番选择；选择定的材料还须经过一番理想化，把美术家的人格灌注进去，然后表现出来；所表现的只是实物的一部分，就连这一部分也不必和实物完全一致，所以图画决不能如相片一样"和自然逼真"。第二，我们再问，相片和图画所引起的美感哪一个浓厚？所发生的印象哪一个深刻？

这也不消说,稍有美术口味的人都觉得图画比相片美得多。

文学作品也是同样。譬如《论语》,"子在川上曰:'逝者如斯夫,不舍昼夜!'"几句话决没完全描写出孔子说这番话时候的心境,而"如斯夫"三字更笼统,没有把当时的流水形容尽致。如果说详细一点,孔子也许这样说:"河水滚滚地流去,日夜都是这样,没有一刻停止。世界上一切事物不都像这流水时常变化不尽么?过去的事物不就永远过去决不回头么?我看见这流水心中好不惨伤呀……"但是纵使这样说去,还没有尽意。而比较起来,"逝者如斯夫,不舍昼夜"九个字比这段长而臭的演绎就值得玩味多了!在上等文学作品中,尤其在诗词中,这种言不尽意的例子处处都可以看见。譬如陶渊明的《时运》"有风自南,翼彼新苗"、《读〈山海经〉》"微雨从东来,好风与之俱",本来没有表现出诗人的情绪,然而玩味起来,自觉有一种闲情逸致,令人心旷神怡。钱起的《省试湘灵鼓瑟》末二句"曲终人不见,江上数峰青",也没有说出诗人的心绪,然而一种凄凉惜别的神情自然流露于言语之外。此外像陈子昂的《登幽州台歌》"前不见古人,后不见来者,念天地之悠悠,独怆然而涕下"!李白的《怨情》"美人卷珠帘,深坐颦蛾眉。但见泪痕湿,不知心恨谁。"虽然说明了诗人的情感,而所说出来的多么简单,所含蓄的多么深远!再就写景说,

无论何种境遇，要描写得惟妙惟肖，都要费许多笔墨。但是大手笔只选择两三件事轻描淡写一下，完全境遇便呈露眼前，栩栩如生。譬如陶渊明的《归园田居》："方宅十余亩，草屋八九间。榆柳荫后檐，桃李罗堂前。暧暧远人村，依依墟里烟。狗吠深巷中，鸡鸣桑树颠。"四十字把乡村风景描写得多么真切！再如杜工部的《后出塞》："落日照大旗，马鸣风萧萧。平沙列万幕，部伍各见招。中天悬明月，令严夜寂寥。悲笳数声动，壮士惨不骄。"寥寥几句话，把月夜沙场状况写得多么有声有色！然而仔细观察起来，乡村景物还有多少为陶渊明所未提及，战地情况还有多少为杜工部所未提及。从此可知文学上我们并不以尽量表现为难能可贵。

在音乐里面，我们也有这种感想，凡是唱歌奏乐，音调由宏壮急促而变到低微以至于无声的时候，我们精神上就有一种沉默肃穆和平愉快的景象。白香山在《琵琶行》里形容琵琶声音暂时停顿的情况说："冰泉冷涩弦凝绝，凝绝不通声暂歇。别有幽愁暗恨生，此时无声胜有声。"这就是形容音乐上无言之美的滋味。英国著名诗人济慈（Keats）在《希腊花瓶歌》中也说"听得见的声调固然幽美，听不见的声调尤其幽美"（Heard melodies are sweet；but those unheard sweeter），也是说同样道理。大概喜欢音乐的人都尝过此中滋味。

就戏剧说，无言之美更容易看出。许多作品往往在热闹场中动作快到极重要的一点时，忽然万籁俱寂，现出一种沉默神秘的景象。梅特林克（Maeterlinck）的作品就是好例。譬如《青鸟》的布景，择夜阑人静的时候，使重要角色睡得很长久，就是利用无言之美的道理。梅氏并且说："口开则灵魂之门闭，口闭则灵魂之门开。"赞无言之美的话不能比此更透辟了。莎士比亚的名著《哈姆雷特》一剧开幕便描写更夫守夜的状况，德林瓦特（Drinkwater）在其《亚伯拉罕·林肯》中描写林肯在南北战争军事旁午的时候跪着默祷，王尔德（O.Wilde）的《温德梅尔夫人的扇子》里面描写温德梅尔夫人私奔在她的情人寓所等候的状况，都在兴酣局紧，心悬悬渴望结局时，放出沉默神秘的色彩，都足以证明无言之美的。近代又有一种哑剧和静的布景，或只有动作而无言语，或连动作也没有，就将靠无言之美引人入胜了。

雕刻塑像本来是无言的，也可以拿来说明无言之美。所谓无言，不一定指不说话，是注重在含蓄不露。雕刻以静体传神，有些是流露的，有些是含蓄的。这种分别在眼睛上尤其容易看见。中国有一句谚语说"金刚怒目，不如菩萨低眉"，所谓怒目，便是流露；所谓低眉，便是含蓄。

凡看低头闭目的神像，所生的印象往往特别深刻。最有趣的就是西洋爱神的雕刻，他们男女都是瞎了眼睛。这固然根据希腊的神话，然而实在含有美术的道理，因为爱情通常都在眉目间流露，而流露爱情的眉目是最难比拟的。所以索性雕成盲目，可以耐人寻思。当初雕刻家原不必有意为此，但这些也许是人类不用意识而自然碰的巧。

要说明雕刻上流露和含蓄的分别，希腊著名雕刻《拉奥孔》(Laocoon)是最好的例子。相传拉奥孔犯了大罪，天神用了一种极残酷的刑法来惩罚他，遣了一条恶蛇把他和他的两个儿子在一块儿绞死了。在这种极刑之下，未死之前当然有一种悲伤惨戚目不忍睹的一顷刻，而希腊雕刻家并不擒住这一顷刻来表现，他只把将达苦痛极点前一顷刻的神情雕刻出来，所以他所表现的悲哀是含蓄不露的。倘若是流露的，一定带了挣扎呼号的样子。这个雕刻，一眼看去，只觉得他们父子三人都有一种难言之恫；仔细看去，便可发现条条筋肉根根毛孔都暗示一种极苦痛的神情。德国莱辛(Lessing)的名著《拉奥孔》就根据这个雕刻，讨论美术上含蓄的道理。

以上是从各种艺术中信手拈来的几个实例。把这些个别的实例归纳在一起，我们可以得出一个公理，就是：拿艺术来表现思想和情感，与其尽量流露，不如稍有含蓄；与其吐肚子把一切都说出来，不如留一大部分让欣赏者自己去领会。因为在欣赏者的头脑里所生的印象和美感，有含蓄比较尽量流露的还要更加深刻。换句话说，说出来的越少，留着不说的越多，所引起的美感就越大越深越真切。

这个公理不过是许多事实的总结。现在我们要进一步求出解释这个公理的理由。我们要问何以说得越少，引起的美感反而越深刻？何以无言之美有如许势力？

想答复这个问题，先要明白艺术的使命。人类何以有艺术的要求？这个问题本非一言可尽。现在我们姑且说，艺术是帮助我们超脱现实而求安慰于理想境界的。人类的意志可向两方面发展：一是现实界，一是理想界。不过现实界有时受我们的意志支配，有时不受我们的意志支配。譬如我们想造一所房屋，这是一种意志。要达到这个意志，必费许多力气去征服现实，要开荒辟地，要造砖瓦，要架梁柱，要赚钱去请泥水匠……这些事都是人力可以办到的，都是可以用意志支配的。但是现实界凡物皆向地心下坠一条定律，就不可以用意志征服。所以意志在现实界活动，处处遇障碍，处处受限制，不能圆满地达到目的，实际上我们的意志十之八九都要受现实限制，不能自由发展。譬如谁不想有美满的家庭？谁不想住在极乐国？然而在现实界绝没有所谓极乐美满的东西存在。因此我们的意志就不能不和现实发生冲突。

一般人遇到意志和现实发生冲突的时候,大半让现实征服了意志,走到悲观烦闷的路上去,以为件件事都不如人意,人生还有什么意味!所以堕落、自杀、遁入空门种种消极的解决法就乘虚而入了,不过这种消极的人生观不是解决意志和现实冲突最好的方法。因为我们人类生来不是懦弱者,而这种消极的人生观甘心让现实把意志征服了,是一种极懦弱的表示。

然则此外还有较好的解决法么?有的,就是我所谓的超现实。我们处世有两种态度,人力所能做到的时候,我们竭力征服现实;人力莫可奈何的时候,我们就要暂时超脱现实,储蓄精力待将来再向其他方面征服现实。超脱到哪里去呢?超脱到理想界去。现实界处处有障碍有限制,理想界是天高任鸟飞,极空阔极自由的。现实界不可以造空中楼阁,理想界是可以造空中楼阁的。现实界没有尽美尽善,理想界是有尽美尽善的。

姑取实例来说明。我们走到小城市里去,看见街道窄狭污浊,处处都是阴沟厕所,当然感觉不快,而意志立时就要表示态度。如果意志要征服这种现实,我们就要把这种街道房屋一律拆毁,另造宽大的马路和清洁的房屋。但是谈何容易?物质上发生种种障碍,这一层就不一定可以做到。意志在此时如何对付呢？他说：我要超脱现实，去在理想界造成理想的街道房屋来，把它表现在图画上，表现在雕刻上，表现在诗文上。于是结果有所谓的艺术作品。艺术家成就了一件作品，自己觉得有创造的大力，当然快乐已极。旁人看见这种作品，觉得它真美丽，于是也愉快起来了，这就是所谓的美感。

　　因此艺术家的生活就是超现实的生活；艺术作品就是帮助我们超脱现实到理想界去求安慰的。换句话说，我们有艺术的要求，就因为现实界待遇我们太刻薄，不肯让我们的意志推行无碍，于是我们的意志就跑到理想界去求慰情的路径。艺术作品之所以美，就美在它能够给我们很好的理想境界。所以我们可以说，艺术作品的价值高低就看它超现实的程度大小，就看它所创造的理想世界是阔大还是窄狭。

　　但是艺术又不是完全可以和现实界绝缘的。它所用的工具——例如雕刻用的石头，绘图用的颜色，写诗作文用的语言——都是从现实界取来的。它所用的材料——例如人物情状悲欢离合——也是现实界的产物。所以艺术可以说是以毒攻毒，利用现实的帮助以超脱现实的苦恼。上面我们说过，艺术作品的价值高低要看它超脱现实的程度如何。这句话应稍加改正，我们应该说，艺术作品价值的高低，就看它能否借极少量的现实界的帮助,创造极大量的理想世界出来。

在实际上说,艺术作品借现实界的帮助愈少,所创造的理想世界也因而愈大。再拿相片和图画来说明。何以相片所引起的美感不如图画呢?因为相片上一形一影,件件都是真实的,而且应有尽有,发泄无遗。我们看相片,种种形影好像钉子把我们的想象力都钉死了。看到相片,好像看到二五,就只能想到一十,不能想到其他数目。换句话说,相片把事物看得忒真,没有给我们以想象余地。所以相片只能抄写现实界,不能创造理想界。图画就不然。图画家用艺术眼光,加一番选择的功夫,在一个完全境遇中选择了一小部分事物,把它们又经过一番理想化,然后才表现出来。唯其留着一大部分不表现,欣赏者的想象力才有用武之地。想象作用的结果就是一个理想世界。所以图画所表现的现实世界虽极小而创造的理想世界则极大。孔子谈教育说:"举一隅不以三隅反,则不复也。"相片是把四隅通举出来了,不要你劳力去"复"。图画就只举一隅,叫欣赏者加一番想象,然后"以三隅反"。

流行语中有一句说:"言有尽而意无穷。"无穷之意达之以有尽之言,所以有许多意,尽在不言中。文学之所以美,不仅在有尽之言,而尤在无穷之意。推广地说,艺术作品之所以美，不是只美在已表现的一小部分，尤其是美在未表现而含蓄无穷的一大部分，这就是本文所谓无言之美。

因此"艺术要和自然逼真"一个信条应该这样解释：和自然逼真是要窥出自然的精髓所在而表现出来；不是说要把自然当作一篇印版文字，很机械地抄写下来。

这里有一个问题会发生。假使我们欣赏艺术作品，要注重在未表现而含蓄着的一部分，要超"言"而求"言外意"，各个人有各个人的见解，所得的言外意不是难免殊异么？当然，艺术作品之所以美，就美在有弹性，能拉得长，能缩得短。有弹性所以不呆板。同一艺术作品，你去玩味有你的趣味，我去玩味有我的趣味。譬如莎氏、乐府所以在艺术上占极高位置，就因为各种阶级的人在不同的环境中都欢喜读它。有弹性所以不陈腐。同一艺术作品，今天玩味有今天的趣味，明天玩味有明天的趣味。凡是经不得时代淘汰的作品都不是上乘。上乘之文学作品，百读都令人不厌的。

就文学说，诗词比散文的弹性大；换句话说，诗词比散文所含的无言之美更丰富。散文是尽量流露的，愈发挥尽致，愈见其妙；诗词是要含蓄暗示，若即若离，才能引人入胜。现在一般研究文学的人都偏重散文——尤其是小说，对于诗词很疏忽。这件事实可以证明一般人文学欣赏力很薄弱。

现在如果要提高文学素养，必先提高文学欣赏力；提高文学欣赏力，必先在诗词方面特下功夫，把鉴赏无言之美的能力养得很敏捷。因此我很希望文学创作者在诗词方面多努力，而学校国文课程中诗歌应该占一个重要的位置。

本文论无言之美，只就艺术一方面着眼。其实这个道理在伦理、哲学、教育、宗教及实际生活各方面，都不难发现。老子《道德经》开卷便说："道可道，非常道；名可名，非常名。"这就是说伦理、哲学中有无言之美。儒家谈教育，大半主张潜移默化，所以拿时雨春风作比喻。佛教及其他宗教之能深入人心，也是借沉默神秘的势力。幼稚园创造者蒙台梭利（Maria Montessori）利用无言之美的办法尤其有趣。在她的幼稚园里，教师每天趁儿童玩得很热闹的时候，猛然地在粉板上写一个"静"字，或奏一声琴。全体儿童于是都跑到自己的座位去，闭着眼睛蒙着头做出伏案假睡的姿势，但是他们不可睡着。几分钟后，教师又用很轻微的声音，从颇远的地方呼唤各个儿童的名字。听见名字的就要立刻醒转来，这就是使儿童可以在沉默中领略无言之美。

就实际生活方面说，世间最深切的莫如男女爱情。爱情摆在肚子里面比摆在口头上来得恳切。"齐心同所愿，含意俱未伸"和"更无言语空相觑"，比较"细语温存""怜我怜卿"的滋味还要更加甜蜜。英国诗人布莱克(Blake)有一首诗叫作《爱情之秘》(Love's Secret),里面说:

(一)
切莫告诉你的爱情,
爱情是永远不可以告诉的,
因为她像微风一样,
不作声不作气地吹着。

(二)
我曾经把我的爱情告诉而又告诉,
我把一切都披肝沥胆地告诉爱人了,
打着寒战,耸头发地告诉,
然而她终于离我去了!

(三)
她离我去了,
不多时一个过客来了。
不作声不作气地,只微叹一声,
便把她带去了。

这首短诗描写爱情上无言之美的势力，可谓透辟已极了。本来爱情完全是一种心灵的感应，其深刻处是老子所谓的不可道不可名的。所以许多诗人以为"爱情"两个字本身就太滥太寻常太乏味，不能拿来写照男女间神圣深挚的情绪。

其实何止爱情，世间有许多奥妙，人心有许多灵悟，都非言语可以传达；一经言语道破，反如甘蔗渣滓，索然无味。这个道理还可以推到宇宙人生诸问题方面去。我们所居的世界是最完美的，就因为它是最不完美的。这话表面看去，不通已极，但是实在含有至理。假如世界是完美的，人类所过的生活——比好一点，是神仙的生活；比坏一点，就是猪的生活——呆板单调已极。因为倘若件件都尽美尽善了，自然没有希望发生，更没有努力奋斗的必要。人生最可乐的就是活动所生的感觉，就是奋斗成功而得的快慰。世界既完美，我们如何能尝创造成功的快慰？这个世界之所以美满，就在有缺陷，就在有希望的机会，有想象的田地。换句话说，世界有缺陷，可能性（potentiality）才大。这种可能而未能的状况就是无言之美。世间有许多奥妙，要留着不说出；世间有许多理想，也应该留着不实现。因为实现以后，跟着"我知道了"的快慰的便是"原来不过如是"的失望。

天上的云霞有多么美丽！风涛虫鸟的声息有多么和谐！用颜色来摹绘，用金石丝竹来比拟，任何艺术家也是作践天籁，糟蹋自然！无言之美何限，让我这种拙手来写照，已是糟粕枯骸！这种罪过我要完全承认的。倘若有人骂我胡言乱道，我也只好引陶渊明的诗回答他说："此中有真意，欲辨已忘言！"

1924年仲冬于上虞白马湖

悼夏孟刚

此稿曾载立达学园校刊,因为可以代表我对于自杀的意见,所以特载于此。

今晨接得慕陶和澄弟的信,但道夏孟刚已于四月十二日服氰化钾自杀了。近来常有人世凄凉之感,听了孟刚的噩耗,烦忧隐恸,益觉不能自禁。

我在吴淞中国公学时,孟刚在我所教的学生中品学最好,而我属望于他也最殷。他平时沉静寡言语,但偶有议论,语语都来自衷曲,而见解也非一般青年所能及。那时他很喜欢读托尔斯泰,他的思想,带有很深的托氏人生观的印痕。我有一个时期,也受过托尔斯泰的熏沐。我自惭根性浅薄,有些地方不能如孟刚之彻底深入;可是我们的心灵究竟有许多类似,所以一接触后,能交感共鸣。

中国公学阻于兵争以后,孟刚入浦东中学,我转徙苏浙,彼此还数相见。在这个时候,他介绍我认识了他的哥哥。他的父亲曾经在我的母校桐城中学当过教师,因此我

们情感上更加一层温慰。江湾立达学园成立后,孟刚遂舍浦东来学江湾。我因亟于去国,正想寻机会同他作一次深谈,他突然间得了父病的消息,就匆匆别我返松江叶榭去了。

今年一月中,他来一封信,里面有这一段话:

> 您启程赴英的时候,我在家中不能听到"我去了"三字,至以为憾。我近来觉人生太无意味;我觉得世界上很少真正的同情者——除去母性的外,也许绝无——我觉得我是不可再活在世上和人类接触了;而尤其使我悲伤的就是我本来可以向他发发牢骚的哥哥已于暑假中死于北京,继而我的父亲也病殁了。也许我过去的生活太偏于情感——或太偏于理智。或者我的天性如此。我知道我请您教我,是无效果的,但是我又觉着不可不领领您的教。

我读过这封信为之悒然许久。我很疑虑我所属望最殷的孟刚或者于悲恸父兄之丧外,又不幸别触尘网。青年人大半都免不掉烦闷时期。但是我相信孟刚终当自能解脱。寄了一部歌德的《麦斯特游学记》给他读,希望他在这本书中能发现他所未曾见到的人生又一面。孟刚具有很强烈的感受伟大心灵之暗示的能力，我很希望他能私淑歌德抛开轻生的念头，替人类多造些光；哪里知道孟刚在写信给我的时候，就有自杀的决心，而那封信竟成绝笔！

孟刚自杀的近因，我不甚明了。但是就他的性格和遭际说，这次举动也不难解释。他不属于任何宗教，而宗教的情感则甚强烈。他对于世人的罪恶，感觉过于敏锐。托尔斯泰的影响本应该可以使他明了赦宥的美；可是他的性情耿介孤洁，不屑与世浮沉，只能得托氏之深的方面，未能得托氏之广的方面，其结果乃走于极端而生反动。孟刚固深于情者，慈爱的父兄既先后弃世，而友朋中能了解他心的深处者又甚寥寥。于此寥廓冷清的世界中，孟刚乃不幸又受命运之神最后的揶揄，而绝望于理想的爱。这些情境相凑合，孟刚遂悫然抛开垂暮的慈母而自杀了。

我不愿像柏拉图、叔本华一帮人以伦理眼光抨击自杀。生的自由倘若受环境剥夺了，死的自由谁也不能否认的。人们在罪恶苦痛里过活，有许多只是苟且偷生，觍然不知耻。自杀是伟大意志之消极的表现。假如世界没有中国的屈原、希腊的塞诺（Zeno）、罗马的塞内加（Seneca）一类人的精神，其卑污顽劣，恐更不堪言状了。

人生是最繁复而诡秘的，悲字乐字都不足以概其全。愚者拙者混混沌沌地过去，反倒觉庸庸多厚福。具有湛思慧解的人总不免苦多乐少。悲观至极，总不出乎绝世绝我两路。自杀是绝世而兼绝我。但是自杀以外，绝非别无他路可走，最普通的是绝世而不绝我，这条路有两分支。一种人明知人世悲患多端而生命终归于尽，乃力图生前欢乐，以诙谐的眼光看游戏似的世事，这是以玩世为绝世的。此外也有些人既失望于人世欢乐之无常，而生老病死，头头是苦，于是遁入空门，为未来修行，这是以逃世为绝世的。苏曼殊的行迹大半还在一般人的记忆中。他是想逃世而终于只做到玩世的。玩世者与逃世者都只能绝世而不能绝我。不能绝世，便不能无赖于人。牵绊既未断尽，而人世忧患乃有时终不能不随之俱来。所以玩世与逃世，就人说，为不道德；就己说，为不彻底。衡量起来，还是自杀为直截了当。

　　自杀比较绝世而不绝我，固为彻底，然而较之绝我而不绝世，则又微有欠缺。什么叫作"绝我而不绝世"？就是流行语中所谓"舍己为群"，不过这四字用滥了，因而埋没了真义。所谓"绝我"，其精神类自杀，把涉及我的一切忧苦欢乐的观念一刀斩断。所谓"不绝世"，其目的在改造，在革命，在把现在的世界换过面孔，使罪恶苦痛无自而生。这世界是污浊极了，苦痛我也受够了。我自己姑且不算吧，但是我自己堕入苦海了。我决不忍眼睁睁地看别人也跟我下水。我决计要努力把这个环境弄得完美些，使后我而来的人们免得再尝受我现在所尝受的苦痛。我自己不幸而为奴隶,我所以不惜粉身碎骨,努力打破这个奴隶制度,为他人争自由,这就是绝我而不绝世的态度。持这个态度最显明的要算释迦牟尼,他一生都是"以出世的精神,做入世的事业"。佛教到了末流,只能绝世而不能绝我,与释迦所走的路恰相背驰,这是释迦始料不及的。古今许多哲人、宗教家、革命家,如墨子,如耶稣,如甘地,都是从绝我出发到淑世的路上的。

假如孟刚也努力"以出世的精神,做入世的事业",他应该能打破几重使他苦痛而将来又要使他人苦痛的孽障。

但是,孟刚死了,幽明永隔,这番话又向谁告诉呢!

1926年5月18日夜半于爱丁堡

看戏与演戏
——两种人生理想

　　莎士比亚说过,世界只是一个戏台。这话如果不错,人生当然也只是一部戏剧。戏要有人演,也要有人看;没有人演,就没有戏看;没有人看,也就没有人肯演。演戏人在台上走台步,做姿势,拉嗓子,嬉笑怒骂,悲欢离合,演得酣畅淋漓,尽态极妍;看戏人在台下呆目瞪视,得意忘形,拍案叫好,两方皆大欢喜,欢喜的是人生煞是热闹,至少是这片刻光阴不曾空过。

　　世间人有生来是演戏的,也有生来是看戏的。这演与看的分别主要地在如何安顿自我上面见出。演戏要置身局中,时时把"我"抬出来,使"我"成为推动机器的枢纽,在这世界中产生变化,就在这产生变化上实现自我;看戏要置身局外,时时把"我"搁在旁边,始终维持一个观照者的地位,吸纳这世界中的一切变化,使它们在眼中成为可欣赏的图画,就在这变化图画的欣赏上面实现自我。因为有这个分别,演戏要热要动,看戏要冷要静。打起算盘来,双方各有盈亏:演戏人为着饱尝生命的跳动而失去流连玩味,看戏人为着玩味生命的形象而失去"身历其境"的热闹。能入与能出,"得其圜中"与"超以象外",是势难兼顾的。

这分别像是极平凡而琐屑,其实却含着人生理想这个大问题的大道理在里面。古今中外许多大哲学家、大宗教家和大艺术家对于人生理想费过许多摸索、许多争辩,他们所得到的不过是三个不同的简单的结论:一个是人生理想在看戏,一个是他在演戏,一个是他同时在看戏和演戏。

先从哲学说起。

中国主要的固有的哲学思潮是儒道两家。就大体说,儒家能看戏而却偏重演戏,道家根本藐视演戏,会看戏而却也不明白地把看戏当作人生理想。看戏与演戏的分别就是《中庸》一再提起的知与行的分别。知是求道问学,是格物穷理,是注视事物变化的真相;行是尊德行,是修身齐家治国平天下,是在事物中起变化而改善人生。前者是看,后者是演。儒家在表面上同时讲究这两套功夫,他们的祖师孔子是一个实行家,也是一个艺术家。放下他注重礼、乐、诗的艺术教育不说,就只看下面几段话:

子在川上曰,逝者如斯夫,不舍昼夜!

鸢飞戾天,鱼跃于渊,言其上下察也。

天何言哉?四时行焉,百物生焉,天何言哉?

今夫天，斯昭昭之多，及其无穷也，日月星辰系焉，万物覆焉；今夫地，一撮土之多，及其广厚，载华岳而不重，振河海而不泄，万物载焉。

对于自然奥妙的赞叹，我们就可以看出儒家很能做阿波罗式的观照，不过儒家究竟不以此为人生的最终目的，人生的最终目的在行，知不过是行的准备。他们说得很明白："物格而后知至，知至而后意诚，意诚而后心正，心正而后身修"，以至于家齐国治天下平。"自明诚，谓之教"，由知而行，就是儒家所注重的"教"。孔子终身周游奔走，"三月无君，则皇皇如也"，我们可以想见他急于要扮演一个角色。

道家老庄并称。老子抱朴守一，法自然，尚无为，持清虚寂寞，观"众妙之门"，玩"无物之象"，五千言大半是一个老于世故者静观人生物理所得到的直觉妙谛。他对于宇宙始终持着一个看戏人的态度。庄子尤其是如此。他齐是非，一生死，逍遥于万物之表，大鹏与鷦鱼，姑射仙人与庖丁，物无大小，都触目成象，触心成理，他自己却"凄然似秋，暖然似春"，哀乐毫无动于衷。他得力于他所说的"心齐"。"心齐"的方法是"若一志，无听之以耳，而听之以心"；它的效验是"虚室生白，吉祥止止"。他在别处用了一个极好的譬喻说:"至人之用心若镜,不将不逆,应而不藏。"从这些话看,我们可以看出老子所谓"抱朴守一",庄子所谓"心齐",都恰是西方哲学家与宗教家所谓的"观照"(contemplation)与佛家所谓的"定"或"止观"。不过老庄自己虽在这上面做功夫,却并不像以此立教,或是因为立教仍是有为,或是因为深奥的道理可亲证而不可言传。

在西方,古代及中世纪的哲学家大半以为人生最高目的在观照,就是我们所说的以看戏人的态度体验事物的真相与真理。头一个人明白地作这个主张的是柏拉图。在《会饮》那篇熔哲学与艺术于一炉的对话里,他假托一位女哲人传心灵修养递进的秘诀。那全是一种分期历程的审美教育,一种知解上的冒险长征。心灵开始玩索一朵花、一个美人、一种美德、一门学问、一种社会文物制度的殊相的美,逐渐发现万事万物的共相的美。到了最后阶段,"表里精粗无不到",就"一旦豁然贯通",长征者以一霎时的直觉突然看到普涵普盖、无始无终的绝对美——如佛家所谓的"真如"或"一真法界"——他就安息在这绝对美的观照里,就没入这绝对美里而与它合德同流,就借分享它的永恒的生命而达到不朽。这样,心灵就算达到它的长征的归宿,一滴水归原到大海,一个灵魂归原到上帝,柏拉图的这个思想支配了古代哲学,也支配了中世纪耶稣教的神学。

柏拉图的高足弟子亚里士多德在《伦理学》里想矫正师说，却终于达到同样的结论。人生的最高目的是至善，而至善就是幸福。幸福是"生活得好，做得好"。它不只是一种道德的状态，而是一种活动；如果只是一种状态，它可以不产生什么好结果，比如说一个人在睡眠中；唯其是活动，所以它必见于行为。"犹如在奥林匹克运动会中，夺锦标的不是最美最强悍的人，而是实在参加竞争的选手。"从这番话看，亚里士多德似主张人生目的在实际行动。但是在绕了一个大弯子以后，到最后终于说，幸福是"理解的活动"，就是"取观照的形式的那种活动"，因为人之所以为人在他的理解方面，理解是人类最高的活动，也是最持久、最愉快、最无待外求的活动。上帝在假设上是最幸福的，上帝的幸福只能表现于知解，不能表现于行动。所以在观照的幸福中，人类几与神明比肩。说来说去，亚里士多德仍然回到柏拉图的看法：人生的最高目的在看而不在演。

在近代德国哲学中，这看与演的两种人生观也占了很显著的地位。整个的宇宙，自大地山河以至于草木鸟兽，在唯心派哲学家看来，只是吾人知识的创造品。知识了解了一切，同时就已创造了一切，人的行动当然也包含在内。这就无异于说，世间一切演出的戏都是在看戏人的一看之中成就的，看的重要可不言而喻。叔本华在这一"看"之中找到悲惨人生的解脱。据他说，人生一切苦恼的源泉就在意志——行动的原动力。意志起于需要或缺乏，一个缺乏填起来了，另一个缺乏就又随之而来，所以意志永无餍足的时候。欲望的满足只"像是扔给乞丐的赈济，让他今天赖以过活，使他的苦可以延长到明天"。这意志虽是苦因，却与生俱来，不易消除，唯一的解脱在把它放射为意象，化成看的对象。意志既化成意象，人就可以由受苦的地位移到艺术观照的地位，于是罪孽苦恼变成庄严幽美。"生命和它的形象于是成为飘忽的幻象掠过他的眼前，犹如轻梦掠过朝睡中半醒的眼，真实世界已由它里面照耀出来，它就不再能蒙昧他。"换句话说，人生苦恼起于演，人生解脱在看。尼采把叔本华的这个意思发挥成一个更较具体的形式。他认为人类生来有两种不同的精神：一是日神阿波罗的，一是酒神狄俄尼索斯的。日神高踞奥林匹斯峰顶，一切事物借他的光辉而得形象，他凭高静观，世界投影于他的眼帘如同投影于一面镜，他如实吸纳，却恬然不起忧喜。酒神则趁生命最繁盛的时节，酣饮高歌狂舞，在不断的生命跳动中忘却生命本来注定的苦恼。从此可知日神是观照的象征，酒神是行动的象征。依尼采看，希腊人的最大成就在悲剧，而悲剧就是使酒神的苦痛挣扎投影于日神的慧眼,使灾祸罪孽成为惊心动魄的图画。从希腊悲剧,尼采悟出"从形象得解脱"(redemption through appearance)的道理。世界如果当作行动的场合,就全是罪孽苦恼;如果当作观照的对象,就成为一件庄严的艺术品。

如果我们比较叔本华、尼采的看法和柏拉图、亚里士多德的看法,就可看出古希腊人与近代德国人的结论相同,就是人生最高目的在观照;不过着重点微有移动,希腊人的是哲学家的观照,而近代德国人的是艺术家的观照。哲学家的观照以真为对象,艺术家的观照以美为对象。不过这也是粗略的区分。观照到了极境,真也就是美,美也就是真,如诗人济慈所说的,所以柏拉图的心灵精进在最后阶段所见到的"绝对美"就是他所谓的"理式"(idea)或真实界(reality)。

宗教本重修行,理应把人生究竟摆在演而不摆在看,但是事实上世界几个大宗教没有一个不把观照看成修行的不二法门。最显著的当然是佛教。在佛教看,人生根本罪孽是贪、嗔、痴。痴又叫作"无明"。这三孽之中,无明是最根本的,因为无明,才执着法与我,把幻相看成真实,把根尘当作我有,于是有贪有嗔,陷于生死永劫。所以人生究竟解脱在破除无明以及它连带的法我执。破除无明的方法是六波罗蜜(意谓"度","到彼岸",就是"度到涅槃的岸"),其中初四——布施、持戒、忍辱、精进——在表面上似侧重行,其实不过是最后两个阶段——禅定、智慧——的预备,到了禅定的境界,"止观双运",于是就起智慧,看清万事万物的真相,断除一切孽障执着,到涅槃(圆寂),证真如,功德就圆满了。佛家把这种智慧叫作"大圆镜智",《佛地经论》做这样解释:

> 如圆镜极善摩莹,鉴净无垢,光明遍照;如是如来大圆镜智于佛智上一切烦恼所知障垢永出离故,极善摩莹;为依止定所摄持故,鉴净无垢;作诸众生利乐事故,光明遍照。
> 如圆镜上非一众多诸影像起,而圆镜上无诸影像,而此圆镜无动无作;如是如来圆镜智上非一众多诸智影起,圆镜智上无诸智影,而此智镜无动无作。

这譬喻很可以和尼采所说的阿波罗精神对照,也很可以见出大乘佛家的人生理想与柏拉图的学说不谋而合。人要把心磨成一面大圆镜,光明普照,而自身却无动无作。

佛教在中国,成就最大的一宗是天台,最流行的一宗是净土。天台宗的要义在止观,净土宗的要义在念佛往生,都是在观照上做修持的功夫。所谓"止观"就是静坐摄心入定,默观佛法与佛相,净土则偏重念佛名,观佛相,以为如此即可往生西方极乐世界(所谓"净土")。依《文殊般若经》说:

> 若善男子善女子,应在空闲处,舍诸乱意,随佛方所,端身正向,不取相貌,系心一佛,专称名字,念无休息,即是念中,能见过去现在未来三世诸佛。

这种凝神观照往往产生中世纪耶教徒所谓"灵见"(visions),对象或为佛相,或为庄严宝塔,或为极乐世界。佛家往往用文字把他们的"灵见"表现成想象丰富的艺术作品,像《无量寿经》《阿弥陀经》之类作品大抵都是这样产生出来的。往生净土是他们的最后目的,其实这净土仍是心中幻影,所谓往生仍是在观照中成就,不一定在地理上有一种搬迁。

这一切在耶稣教中都可以找到它的类似。耶稣自己,像释迦一样,是经过一个长期静坐默想而后证道的。"天国就在你自己心里",这句话也有唤醒人反求诸心的倾向。不过早期的神父要和极艰窘的环境奋斗,精力大半耗于奔走布道和避免残杀。到了三世纪以后，耶稣教的神学逐渐与希腊哲学合流，形成所谓"新柏拉图派"的神秘主义，于是观照成为修行的要诀。依这派的学说，人的灵魂原与上帝一体，没有肉体感官的障碍，所以能观照永恒真理。投生以后，它就依附了肉体，就有欲也就有障。人在灵方面仍近于神，在肉方面则近于兽，肉是一切罪孽的根源，灵才是人的真性。所以修行在以灵制欲，在离开感官的生活而凝神于思想与观照，由是脱尽尘障，在一种极乐的魂游（ecstasy）中回到上帝的怀里，重新和他成为一体。中世纪神学家把"知"看成心灵的特殊功能，唯一的人神沟通的桥梁。"知"有三个等级：感觉（cognitio）、思考（medtiatio）和观照（contemplatio）。观照是最高的阶段，它不但不要假道于感觉，也无须用概念的思考，它是感觉和思考所不能跻攀的知的胜境，一种直觉，一种神佑的大彻大悟。只有借这观照，人才能得到所谓"神福的灵见"（beatificyision），见到上帝，回到上帝，永远安息在上帝里面。达到这种"神福的灵见"，一个耶教徒就算达到人生的最高理想。

这种哲学或神学的基础，加上中世纪的社会扰乱，酿成寺院的虔修制度。现世既然恶浊，要避免它的熏染，僧侣于是隐到与人世隔绝的寺院里，苦行持戒，默想现世的罪孽、来世的希望和上帝的博大仁慈。他们的经验恰和佛教徒的一样,由于高度的自我催眠作用,默想果然产生了许多"灵见"——地狱的厉鬼,净界的烈焰,天堂的神仙的福境,都活灵活现地现在他们的凝神默索的眼前。这些"灵见"写成书,绘成画,刻成雕像,就成中世纪的灿烂辉煌的文学与艺术。在意大利,成就尤其烜赫。但丁的《神曲》就是无数"灵见"之一,它可以看成耶稣教的《阿弥陀经》。

我们只举佛、耶两教作代表就够了。道教本着长生久视的主旨,后来又沿袭了许多佛教的虔修秘诀。总之,在较显著的宗教中,或是因为特重心灵的知的活动,或是寄希望于比现世远较完美的另一世界,人生的最高理想都不摆在现世的行动而摆在另一世界的观照。宗教的基本精神在看而不在演。

最后,谈到文艺,它是人生世相的反照,离开观照,就不能有它的生存。文艺说来很简单,它是情趣与意象的融会,作者寓情于景,读者因景生情。比如说:"昔我往矣,杨柳依依,今我来思,雨雪霏霏"一章诗写出一串意象、一幅景致、一幕戏剧动态。有形可见者只此,但是作者本心要说的却不只此,他主要的是要表现一种时序变迁的感慨。这感慨在这章诗里虽未明白说出而却胜于明白说出;它没有现身而却无可否认地是在那里。这事细想起来,

真是一个奇迹。情感是内在的，属我的，主观的，热烈的，变动不居，可体验而不可直接描绘的；意象是外在的，属物的，客观的，冷静的，成形即常住，可直接描绘而却不必使任何人都可借以有所体验的。如果借用尼采的譬喻来说，情感是狄俄尼索斯的活动，意象是阿波罗的观照；所以不仅在悲剧里（如尼采所说的），在一切文艺作品里，我们都可以见出狄俄尼索斯的活动投影于阿波罗的观照，见出两极端冲突的调和，相反者的同一。但是在这种调和与同一中，占有优势与决定性的倒不是狄俄尼索斯而是阿波罗，是狄俄尼索斯沉没到阿波罗里面，而不是阿波罗沉没到狄俄尼索斯里面。所以我们尽管有丰富的人生经验，有深刻的情感，若是止于此，我们还是站在艺术的门外，要登堂入室，这些经验与情感必须经过阿波罗的光辉照耀，必须成为观照的对象。由于这个道理，<u>观照（这其实就是想象，也就是直觉）是文艺的灵魂</u>；也由于这个道理，诗人和艺术家们也往往以观照为人生的归宿。我们试想一想：

> 目送归鸿，手挥五弦，
> 俯仰自得，游心太玄。
>
> ——嵇康

仰望碧天际，俯磐渌水滨。
寥朗无涯观，寓目理自陈。
大矣造化功，万殊莫不均。
群籁虽参差，适我无非新。

——王羲之

采菊东篱下，悠然见南山。
山气日夕佳，飞鸟相与还。
此中有真意，欲辨已忘言。

——陶潜

侧身天地长怀古，独立苍茫自咏诗。

——杜甫

  从诸诗所表现的胸襟气度与理想，就可以明白诗人与艺术家如何在静观默玩中得到人生的最高乐趣。

  就西方文艺来说，有三部名著可以代表西方人生观的演变：在古代是柏拉图的《会饮》，在中世纪是但丁的《神曲》，在近代是歌德的《浮士德》。《会饮》如上文已经说过的，是心灵的审美教育方案。这教育的历程是由感觉经理智到慧解，由殊相到共相，由现象到本体，由时空限制到超时空限制；它的终结是在沉静的观照中得到豁然大悟，以及个体心灵与弥漫宇宙的整一的纯粹的大心灵合德同流。由古希腊到中世纪，这个人生理想没有经过重大的变迁，只是加上耶教神学的渲染。《神曲》在表面上只是一部游记，但丁叙述自己游历地狱、净界与天堂的所见所闻；但是骨子里它是一部寓言，叙述心灵由罪孽经忏悔到解脱的经过。但丁自己就象征心灵，三界只是心灵的三种状态，地狱是罪孽状态，净界是忏悔洗刷状态，天堂是得解脱蒙神福状态。心灵逐步前进，就是逐步超升，到了最高天，它看见玫瑰宝座中坐的诸圣诸仙，看见圣母，最后看见了上帝自己。在这"神福的灵见"里，但丁（或者说心灵）得到最后的归宿，他"超脱"了，归到上帝怀里了，《神曲》于是终止。这种理想大体上仍是柏拉图的，所不同者柏拉图的上帝是"理式"，绝对真实界本体，无形无体的超时超空的普运周流的大灵魂；而但丁则与中世纪神学家们一样，多少把上帝当作一个人去想：他糅合神性与人性于一体，有如耶稣。

从但丁糅合柏拉图哲学与耶教神学，把人生的归宿定为"神福的灵见"以后，过了五百年到近代，人生究竟问题又成为思辨的中心，而大诗人歌德代表近代人给出了一个彻底不同的答案。就人生理想来说，《浮士德》代表西方思潮的一个极大的转变。但丁所要解脱的是象征情欲的三猛兽和象征愚昧的黑树林。到浮士德,情境就变了,他所要解脱的不是愚昧而是使他觉得腻味的丰富的知识。理智的观照引起他的心灵的烦躁不安。"物极思返",浮士德于是由一位闭户埋头的书生变成一位与厉鬼订卖魂约的冒险者,由沉静的观照跳到热烈而近于荒唐的行动。在《神曲》里,象征信仰与天恩的贝雅特里齐,在《浮士德》里于是变成天真而却蒙昧无知的玛嘉丽特。在《神曲》里是"神福的灵见",在《浮士德》里于是变成"狂飙突进"。阿波罗退隐了,狄俄尼索斯于是横行无忌。经过许多放纵不羁的冒险行动以后,浮士德的顽强的意志也终于得到净化,而净化的原动力却不是观照而是一种有道德意义的行动。他的最后的成就也就是他的最高的理想的实现,从大海争来一片陆地,把它垦成沃壤,使它效用于人类社会。这理想可以叫作"自然的征服"。

这浮士德的精神真正是近代的精神,它表现于一些睥睨一世的雄才怪杰,表现于一些掀天动地的历史事变。各时代都有它的哲学辩护它的活动,在近代,尼采的超人主义唤起许多癫狂者的野心,让蒂勒(Gentile)的"为行动而行动"的哲学替法西斯的横行奠定了理论的基础。

这真是一个大旋转。从前人恭维一个人,说"他是一个肯用心的人"(a thoughtful man),现在却说"他是一个行动分子"(an active man)。这旋转是向好还是向坏呢?爱下道德判断的人们不免起这个疑问。答案似难一致。自幸生在这个大时代的"行动分子"会赞叹现代生命力的旺盛,而"肯用心的人"或不免忧虑信任盲目冲动的危险。这种见解的分歧在骨子里与文艺方面古典与浪漫的争执是一致的。古典派要求意象的完美,浪漫派要求情感的丰富,还是冷静与热烈动荡的分别。文艺批评家们说,这分别是粗浅而村俗的,第一流文艺作品必定同时是古典的与浪漫的,必定是丰富的情感表现于完美的意象。把这见解应用到人生方面,显然的结论是:理想的人生是由知而行,由看而演,由观照而行动。这其实是一个老结论。苏格拉底的"知识即德行",孔子的"自明诚",王阳明的"知行合一",意义原来都是如此。但是这还是侧重行动的看法。止于知犹未足,要本所知去行,才算功德圆满。这正犹如尼采在表面上说明了日神与酒神两种精神的融合,实际上仍是以酒神精神沉没于日神精神,以行动投影于观照。所以说来说去,人生理想还只有两个,不是看,就是演;知行合一说仍以演为归宿,日神酒神融合说仍以看为归宿。

近代意大利哲学家克罗齐另有一个看法,他把人类心灵活动分为知解(艺术的直觉与科学的思考)与实行(经济的活动与道德的活动)两大阶段,以为实行必据知解,而知解却可独立自足。一个人可以终止于艺术家，实现美的价值；可以终止于思想家，实现真的价值；可以终止于经济政治家，实现用的价值；也可以终止于道德家，实现善的价值。这四种人的活动在心灵进展次第上虽是一层高似一层，却各有千秋，各能实现人生价值的某一面。这就是说，看与演都可以成为人生的归宿。

　　这看法容许各人依自己的性之所近而抉择自己的人生理想，我以为是一个极合理的看法。<u>人生理想往往决定于各人的性格。最聪明的办法是让生来善看戏的人们去看戏，生来善演戏的人们来演戏。</u>上帝造人，原来就不只是用一个模型。近代心理学家对于人类原型的分别已经得到许多有意义的发现，很可以作解决本问题的参考。最显著的是荣格（Jung）的"内倾"与"外倾"的分别。内倾者（introvert）倾心力向内，重视自我的价值，好孤寂，喜默想，无意在外物界发动变化；外倾者（extrovert）倾心力向外，重视外界事物的价值，好社交，喜活动，常要在外物界起变化而无暇反观默省。简括地说，内倾者生来爱看戏，外倾者生来爱演戏。

　　人生来既有这种类型的分别，人生理想既大半受性格决定，生来爱看戏的以看为人生归宿，生来爱演戏的以演为人生归宿，就是理所当然的事了。双方各有乐趣，各是人生的实现，我们各不妨阿其所好，正不必强分高下，或是勉强一切人都走一条路。人性不只是一样，理想不只是一个，才见得这世界的恢廓和人生的丰富。犬儒派哲学家第欧根尼（Diogenes）静坐在一个木桶里默想，勋名盖世的亚历山大帝慕名去访他，他在桶里坐着不动。客人介绍自己说："我是亚历山大帝。"他回答说："我是犬儒第欧根尼。"客人问："我有什么可以帮你的忙么？"他回答："只请你站开些，不要挡住我的阳光。"这样就匆匆了结一个有名的会晤。亚历山大帝觉得这犬儒甚可羡慕，向人说过一句心里话："如果我不是亚历山大，我很愿做第欧根尼。"无如他是亚历山大，这是一件前生注定丝毫不能改动的事，他不能做第欧根尼。这是他的悲剧，也是一切人所同有的悲剧。但是这亚历山大究竟是一个了不起的人物，是亚历山大而能见到做第欧根尼的好处。比起他来，第欧根尼要低一层。"不要挡住我的太阳光"那句话含着几多自满与骄傲，也含着几多偏见与狭量啊！

要较量看戏与演戏的长短，我们如果专请教于书本，就很难得公平。我们要记得柏拉图、庄子、释迦、耶稣、但丁……这一长串人都是看戏人，所以留下一些话来都是袒护看戏的人生观。此外还有更多的人，像秦始皇、大流士、亚历山大、忽必烈、拿破仑……以及无数开山凿河、垦地航海的无名英雄毕生都在忙于演戏，他们的人生哲学表现在他们的生活，所以不曾留下话来辩护演戏的人生观。他们是忠实于自己的性格，如果留下话来，他们也就势必变成看戏人了。据说罗兰夫人上了断头台，才想望有一支笔可以写出她的临终的感想。我们固然希望能读到这位女革命家的自供，可是其实这是多余的。整部历史，这一部轰轰烈烈的戏，不就是演戏人们的最雄辩的供状么？

英国散文家史蒂文森（R. L. stevenson）在一篇叫作《步行》的小品文里有一段话说得很美，可惜我的译笔不能传出那话的风味，它的大意是：

> 我们这样匆匆忙忙地做事，写东西，挣财产，想在永恒时间的嘲笑的静默中有一刹那使我们的声音让人可以听见，我们竟忘掉一件大事，在这件大事之中这些事只是细目，那就是生活。我们钟情，痛饮，在地面来去匆匆，像一群受惊的羊。可是你得问问你自己：在一切完了之后，你原来如果坐在家里炉旁快快活活地想着，是否比较更好些。静坐着默想——记起女子们的面孔而不起欲念；想到人们的丰功伟业，快意而不羡慕；对一切事物和一切地方有同情的了解，而却安心留在

你所在的地方和身份——这不是同时懂得智慧和德行,不是和幸福住在一起吗?说到究竟,能拿出会游行来开心的并不是那些扛旗子游行的人们,而是那些坐在房子里眺望的人们。

这也是一番袒护看戏的话。我们很能了解史蒂文森的聪明的打算,而且心悦诚服地随他站在一条线上——我们这批袖手旁观的人们。但是我们看了那出会游行而开心之后,也要深心感激那些扛旗子的人们。假如他们也都坐在房子里眺望,世间还有什么戏可看呢?并且,他们不也在开心么?你难道能否认?

在混乱中创秩序

朋友：

在上次信里，我反复说明现代青年应该认清现在和抓住现在，因为我觉得中国已经到了生死存亡的关头，青年们不容再有迟疑观望的余地了。如果我们这一代人再不振作，中国恐怕就永无救药了。每个人都能见到这层，所缺乏的是抓住现在的决心与毅力。

现在中国社会的最大病象，在每个人都埋怨旁人而同时又在跟旁人一样因循苟且。大家都在想：中国社会积弊太深，多数人都醉生梦死，得过且过，纵然有一二人想抵抗潮流，特立独行，也无济于事，倒不如随波逐流，尽量谋个人的安乐。如果中国真要亡的话，那也是"天倒大家当"！

这种心理是普遍的，也是致命的。要想中国起死回生，我们青年首先应丢开这种心理。我们应明白：社会越恶浊越需要有少数特立独行的人们去转移风气。一个学校里学生纵然十人有九人奢侈，一个俭朴的学生至少可以显出奢侈与俭朴的分别；一个机关的官吏纵然十人有九人贪污，一个清廉的官吏至少可以显出贪污与清廉的分别。好坏是非都由相形之下见出。一个社会到了腐败的时候，大家都跟着旁人向坏处走，没有一个人反抗潮流，势必走到一帮人完全失去好坏是非分别的意识，而世间便无所谓羞耻事了。所以全社会都坏时，如果有一个好人存在，他的意义与价值是不可测量的。

自己不肯做好人，不肯努力奋斗，只埋怨环境恶劣，不容自己做好人，这种人对于自己全不肯负责任，没有勇气担当自己的过失。他们的最恰当的名号是"懦夫"！朋友，你抚躬自问，你能否很忠实大胆地向自己的良心说"我不是这种懦夫"呢？

现在许多青年都埋怨环境，揣其心理，是希望环境生来就美满，使他们一帆风顺地达到成功的目标。环境永远不会美满的。万一它生来就美满，所谓的"成功"乃是"不劳而获"，或者说得更痛快一点，乃是像猪豚一样，"被饲而肥"。所以埋怨环境的心理，充其究竟，只是希望过猪豚生活的心理。人比猪豚较高一级，就全在他能不安于秽浊的环境，有一颗灵心，有一股勇气，要去征服自然，改造自然。

据宗教的传说，太初一切皆紊乱（chaos），上帝从紊乱中创出秩序（order），才有宇宙。我很欢喜这个传说，它的历史的真实性姑且不问，它对于人生却无疑地具有一种感发兴起的力量。人的一切有意义有价值的活动，像上帝创世一样，都是从紊乱中创出秩序。人的特长是思想。思想，无论是哲学和科学的，或是日常实用的，都是把本来紊乱的知觉或印象加以秩序化。比如说一个审判官断案，把所有的繁复的事实摆在一块儿参观互较，找出条理线索来，于是本来散漫的东西都连续起来，成为案情的证据，这就是思想的好例。艺术创作也是思想活动的一种。自然界的材料，无论是内心生活或是外界现象，初呈现于观感时原来都很紊乱，艺术家运用心灵的综合，逐渐把它们理出一个秩序来，创出一个形式来，于是才有艺术作品——文章，一幅画或是一座像。推广一点来说，一切人工设施，一切社会制度，一切合理的生活，都是一种艺术，都是从紊乱中所挣扎出来的秩序。

现在中国社会是一团紊乱，谁也承认。它能否达到秩序，就看中国青年有没有艺术家的要求秩序的热忱以及创造秩序的灵心妙手，从这团紊乱中雕琢一种有秩序的形式出来。凡是紊乱都须经过一番整理，才能现出秩序。现在中国人的大病就在不下手做整理的功夫，只望着目前的紊乱发呆，或是怨天尤人。

我也常拿从紊乱中创秩序的必要和青年朋友们说，他们总是将信将疑。他们闪避责任的借口不外乎是个人的力量有限。他们想：秩序是全体的事，社会全体紊乱，纵有少数人在局部中创出秩序来，仍无补于全体的紊乱。筹划社会全体的秩序是握有政权者的职责，吾侪小民手无寸铁，对着临头大难，只有束手待毙而已。这种心理仍是希望有"真命天子"出来救中国的心理。"真命天子"是一个渺茫的幻象，纵然他出来了，小百姓们都不是奋发有为的材料，他一个人能把中国的事情弄好吗？你如果把现在中国一切灾祸都归咎于政府，你对于这种灾祸之源的政府不设法制裁，它的存在根于你的容忍，到底它的误国的责任还要回到你自己的身上来。如果你说个人无组织，不能做出事来，谁叫你不去组织，不去团结，不去造成能表现民意的势力呢！现代各民治国家所享受的自由都不是"天赋的"，都是人民自己挣扎奋斗得来的。你想想看，英国的《大宪章》，法国的《人权宣言》，美国的独立，以及苏俄的经济制度的革命，哪一件不是从紊乱中所创出的秩序？哪一件不是人民自己努力奋斗的代价？

全体的紊乱固然可以妨碍局部的秩序，局部的紊乱也未见得可以造成全体的秩序。无论政论家怎么说，我始终坚信全体的秩序要以局部的秩序为基础。清道夫能尽清道的职，警察能尽警察的职，每个行人都守他所应守的规则，一条街道自然有秩序了。一个机关,一个乡村,或是一个国家也是如此。士、农、工、商、官吏、军警都公而忘私,各尽其责,社会就绝不会有紊乱的现象了。

一般青年都不免有几分夸大狂心理,常想到自己做了大总统或是什么总长,中国的事就有办法,而他自己的作为也就来了。这是从前人所夸奖的"有大志",而我们现代青年所应该痛恨深恶的怯懦(因为不敢担负目前的责任)和虚伪(因为夸大是自欺欺人)。一个农家子弟鄙视耕种,一个商家子弟鄙视贸易,或是一个清寒子弟一定要进大学出洋争头衔,多少都是怯懦和虚伪的表现。要做事何处不可做,何必一定要做大总统?要造学问或地位何处不可造,何必一定要大学或留学的头衔?一种职业只要是有益于社会,纵然是挑大粪,或是补破皮鞋,应该和做总统或当大学教授享同样的尊重。把同是有益的职业加以高低评价,是封建社会和虚骄心理的流毒。没有哪一国的青年比中国青年这种流毒更深。现代中国青年如果要谋心理改造,我以为首先应铲除这种流毒。应该认清事业只有益与害的分别,没有贵与贱的分别。

在孙中山先生所说的许多话中最使我念念不忘的,不是他的《建国方略》或是《遗嘱》,而是他在香港大学演讲时所说的一段自供。他在少年时嫌他住的中山(那时叫香山）县的街道龌龊，就自己去做清道夫，拿扫帚去把他的门前和邻近的街道逐渐扫干净。这就是我所说的"在紊乱中创秩序"。孙先生后来奔走革命，仍然不过是本着这种厌恶紊乱要求秩序的精神。在平民的地位，他能够扫清污浊的街道；在握政权的地位，他就能筹划洗清政治上的种种紊乱。在未握政权之前，你且莫作握政权以后的夸大语，或是埋怨现在握权的人，你且自问：现在你能力范围以内的事你是否都尽力做过？

你说你现在无事可做么？你的书桌应该整理，你的卧室应该检点干净，你的村子里应该多栽几棵树，你的街坊子弟不识字的太多，你乡里还有许多土豪劣绅敲诈唆讼，你的表兄还在抽鸦片烟，你的外祖母还说曹锟在做大总统……这些数不尽的事不都是你的事么？

大处着眼，小处下手。时时刻刻都用力去从紊乱中创出秩序，无论你的力量所达到的范围是一间屋，一条街，一个乡村或是一个国家。你能如此，旁人也都能如此（旁人的事你暂且莫管），社会自然有秩序，中国也自然会改头换面了。

朋友，让我复述前信中的话，从今日起，从此地起，从你自己起！把你目前一切紊乱都按部就班地化成秩序！这是我对于你的最虔敬的祝福语。

学业·职业·事业

每个有志气的人,在他的生平都不免为三件事操心。在学校时代,他关心学业;离开学校,他关心职业;有了职业,他关心事业。这自然只是一种粗略的分期,也有许多人始终就专在学业、职业或事业上打计算。总之,这三个名词的意义对于一般人大半不成为问题,不过从逻辑的眼光来分析,我们不能说它是三件互不相同的事。它们的关系还须待确定。

先说"业"。《说文》所定的这个字的原始意义是钟架上的一块木板,与我们所谈的没有多大关系。就"业"字所常用在的语句看(如"进德修业""业精于勤""以农为业""成大业""创业守成"等等),我们可以看出两点:第一是学业、职业和事业都可以叫作业,第二是这个"业"字含有相当指流行语"工作"一词的意义。佛典常用"业"字,和"行"字同义,凡人为造作通可叫作"业",例如思想、言语、行为,都可是一种"业","业"简直就相当于流行语的"活动"。我们可以说:"业"是人运用他的力量

做一种工作或活动；所进行的工作或活动叫作"业"，工作或活动所成就的结果也可以叫作"业"。

依这种解释看，学业就是学问的工作或活动，职业就是职分所在的工作或活动。工作或活动就是"事"，所以"事业"是只有一个意义的复词，学问是一种事业，职业也还是一种事业。如果事业还另有特殊意义，那就只能指工作或活动的成就。依这种意义说，在职业上可以成就事业，在学问上也还可以成就事业。总上两义，学业与事业，职业与事业，在逻辑上都不应分开；我们至多只能说"事业"比"学业"或"职业"含义较广泛，不过这也还有问题。

问题在学业与职业是否绝对为两回事。一般人说"职业"，似带有一种误解，以为职业是衣食工具，"谋职业"就等于"谋生活"，也就等于"谋衣食"，这里"职业"和"生活"两个词的意义都同样窄狭化得很离奇可笑。在这种用字的习惯上，我们可以见出一般人的生活理想的低落。顾名思义，"职业"显然是职分以内的事业。所谓"职分"是起于社会的分工合作的需要。社会上有许多事要做，一个人不能同时做许多事，于是这个人种田，那一个人经商，另一个人做工匠，如此分工，每个人有一个"职分"，都能各尽"职分"帮助社会大机器的轮子旋转，以一份工作的效益，换取同群许多份工作的效益，"吾尽所能，各取所需"，于是人与社会两得其便。每个人有一个"职分",对于那"职分"就负有责任,须把那"职分"以内的事做好。对于"职分"不尽责就是不称职。职与责是不能分开的。

回到原来的问题,学业与职业是否绝对为两回事呢?从两个观点看,它们也不应分开。

第一,从狭义的学业说,学业是某一种专门学术的研究。专门的学术研究需要长久的集中的力量。一个人既研究一种专门学术,他就没有时间精力去干别的事。社会需要学术的进展,就需有一部分人以研究学术为"职业"。做学问是学者的职分以内的事,正如种田是农人的职分以内的事,他们的成就都于社会有益,他们都负有责任在自家职分以内求有成就。照这样看,学业还是可以当作一种职业。

其次,就广义的学业说,学业是每一种职业必有的准备。一切工作(尤其是在近代社会分工很严密的工作)都需要学习,每一行都有一套专门学问,所以你如果想把某一种职分以内的事做好,你就必须先把它学好。不但如此,工作本身也就是学习。有些人以为在学校里学得一种学问,学业便可告结束,以后入社会就职业,只需拿这一套法宝作无尽期的应用。这不但是误解学业,也是误解职业。最亲切最实在的学问大半不是从书本得来,而是从实地亲身经验得来的。古人所谓"到处留心皆学问",就是有见于此。

同时，到处留心学问的人可以说"学"与"事"相得益彰，不致犯不学无术的毛病，在职业上才能成就真正的事业。一辈子拘守一部讲义的人绝不是一个好教员，一辈子拘守一部步兵操典的人绝不是一个好战士，余可类推。所以要想把一种职业做好，必须把职业当作学业看。

依以上的分析，学业、职业和事业应该是三位一体。学业或职业如果不能成为事业，那就空洞无成就。学业和职业如果不能打成一片，学业就只是私人的嗜好，不能成为社会中的一种职分，对社会没有效益；职业也就降为与学问脱节的盲目的衣食营求，枯燥无味。

职业与学业一贯，然后所学即所用，所用即所学，人得其事，事得其人，不过这只是理想，事实上一个人的职业往往和他的学业不很相关。这是由于有些学业不能为谋生之具，一个人一方面要忠于一种没有经济价值的学问，一方面又要维持生计，于是不得不就一种与自家专门学问无关的职业。最显著的例子是大哲学家斯宾诺莎，他为着要保持学术思想的自由，拒绝当大学教授，宁愿操磨镜片的职业，借以营生。英国文学家兰姆写得那样一笔奇特而隽永的散文，而他的终身职业只是一个公司的书记。波兰小说家康拉德在商船上当过多年的水手。英国诗人蒙罗在伦敦一条小街上经营一个小书店。这种实例在西方很多。

这种办法颇有它的长处。不靠所研究的学业来谋生，可以保持学业的独立自由；同时，在本行以外就一种职业，也可以扩大眼界，增加生活经验。目前在中国，一般人囿于浅狭的功利主义，都争去学可以赚钱的学问，而文、哲、数、理一类虽是冷门而却极重要的学问很少有人问津，这对于文化学术的全局是一个危险的现象。有志于纯粹学术的人们最好拿斯宾诺莎、兰姆诸人做榜样，一方面埋头做自己的学问，一方面操一种副业，使生计有着落。这种办法的存在，当然显示社会组织有毛病，不过在社会组织未完善以前我们只有这个办法可采用。将来社会合理化时，我们希望每一项学术工作者都不感受生活的压迫，每一种学业同时就是一种职业。

在另外一种情形之下，学业与职业也不完全相称，这就是通才就专职。政府行政工作本来也还是一种职业，可是一直到现在，各国还很少在学校里设专门学科去训练议员、部长以及其他公务员。在从前的中国，政府大小职位，上自宰相，下至县丞，大半依科举履历任命，由科举进身者所读的书大半不外经史诗文，而做的职务却可以彼此相差很远。一榜及第的人有典钱谷的，有主试的，有带兵的，有典刑狱的，有掌漕运的。职务和学问似没有显著的关系。这种情形在目前似还没有经过很大的变更，在英国情形也很类似。一个人在牛津或剑桥毕业了，就可以参加文官考试，及格了，无论所学的是什么，可以被派到任何官厅去服务。如果他想做大一点的官，他可以运动入国会，只要有本领，就不愁没有阁员当。所谓本领也并非专门学术。比如现在的首相丘吉尔，做过好久的海军大臣，却没有学过海军，他本来是文人，当过新闻记者。专才学一行才能做一行，通才无须学那一行才能做那一行。医、工、农、商等等需要专才，而社会领导工作则需要通才。近代教育似正在徘徊于两种理想之间：一是职业教育的理想，一是自由教育的理想，学业须包含品格、学识各方面的普遍修养，不能窄狭化到学徒训练。依我个人想，自由教育对于社会领导工作实在比职业教育重要，不过这两种理想也并非绝对不能相容，专门的技术训练和普遍的品格、学识、修养最好是并行不悖。

择学择业对于一个人是一个极重要的问题。首先要考虑的是个人的资禀与兴趣。我曾观察过许多人所学的和所做的全与他们性不相近。有些学文艺的人对于人生世相看不出丝毫情趣，遇事称斤称两，谈吐枯燥无味，他们理应学商业或是法律。有些工程师根本没有科学的头脑，却欢喜作点旧诗，结交大人阔佬，他们理应干政治。如此等类，不胜枚举。<u>性不相近</u>，纵然是努力，也往往劳而无补，对于个人和社会都是精力的浪费。在美国,"职业测验"已成为一种专门学问。一个人对于择学择业如有疑难可以找一个专家用测验来解决。这种测验内容或很幼稚肤浅,但是它的原则是不错的。我们希望测验的方法日趋精密,将来一个人在学一门学问或是就一种职业之先,都仔细经过一番测验,免得走错门路。

一个人的性之所近,大半自己明白。有些人明明知道自己的长短而却不根据它来决定志向,这大半误于名利观念。现在学生们都欢喜学工程或经济,以为出路好,容易赚钱。存这种心理的人根本不配谈学问,也根本不能做好一行职业,因为他们的兴趣不在学业或职业自身的成就,而在它对于个人所能产生的实利。得鱼忘筌,钱赚到手了,学业和事业有无成就却不必管。这种人的毛病都在短见。"行行出状元",世间宁有哪一种学问不能学好,或是哪一种职业不能做好?宁有哪一个在学业和事业上有成就的人会穷得要饿死?如果以为某一行比较走时,或比较容易成功,不费多少气力就可以有成就,这也是妄想。世间没有一件有价值的事可以不费力就能学好做好。我们必须谨记着"不问收获,只问耕耘"一句至理名言。下一分功夫,自然有一分成就。世间纵然也偶有不劳而获的事,那是苟且侥幸,除了寄生虫,都不应存苟且侥幸的心理。

此外，我们中国人对于职业向来有一个更错误的观念，以为世间职业有些是天生的高贵，有些是天生的下贱。所以大家都希望做官而不希望做农、工、兵、警。其实职业起于社会的分工合作的需要。社会需要哪一种职业，那一种职业就对于社会有效益。一个人有无荣誉，不能看他任的什么职业，应该看他在他的职位是否尽责。一个误国的总统或部长实在抵不上一个勤恳尽职的清道夫。我们通常对于"不才而在高位"者的阔绰排场倍加欣羡，对于老老实实替社会造福的农民工人反存鄙视。这是一种可耻的价值意识的颠倒。

无论在学业或职业中，想成就事业，都需要两种基本德行。第一是"公"。公就是公道公理。一个问题的看法，一个事件的处理，都须依据一个客观的普遍的道理，对自己说得过去，对他人也说得过去，无论谁来看，都会觉得这是最合理的解决。学问也好，事业也好，都要尊重这种公道公理，才不至于发生弊端。公的反面是私。世间许多人许多事都败于私心自用。做学问存私心，便为偏见所蒙蔽，寻不着真理；做事存私心，便不免假公济私，贪污苟且，败坏自己的人格，也败坏社会的利益。其次是"忠"。"忠"是死心塌地爱护自己的职守，不肯放弃它或疏忽它。把学问当作敲门砖，把职业当作营私的门径，就是不忠于所学所职。为着势利的引诱，放弃自己的学业或职业去做别的勾当，其行为也正等于汉奸卖国，都是不忠。忠才能有牺牲的精神，不计私人利害，固守职分所在的岗位，坚持到底，以底于成。忠是基本德行，有了它也就有了两种附带的德行，勤与勇。勤是精进不懈，时时刻刻努力前进，务求把事做好；勇是无畏不屈，遇到任何困难，都必须拼命把它克服。懒怠与怯懦是治学与治事的大忌，它们的病源在缺乏忠诚与忠诚所附带的热情。

每个人都是自己的命运的主宰，每个人的江山都依仗自己的奋斗才打得来。这个世界是冷酷无情的，一个人如果想以寄生虫的心习，去侥幸获取只有勤奋的蜂蚁所能获到的花蜜，他终究必归自然淘汰。万一他成功侥幸一时，社会所受的祸害也就很大，一条寄生虫有时可以危害到一个人的性命。凡是关心学业、职业和事业的人，须记起这一番简单的道理。

谈趣味

　　拉丁文中有一句陈语："谈到趣味无争辩。""文章千古事，得失寸心知。"不但作者对于自己的作品是如此，就是读者对于作者恐怕也没有旁的说法。如果一个人相信地球是方的或是泰山比一切的山都高，你可以和他争辩，可以用很精确的论证去说服他，但是如果他说《花月痕》比《浮生六记》高明，或是两汉以后无文章，你心里尽管不以他为然，口里最好不说，说也无从说起。遇到"自家人"，彼此相看一眼，心领神会就行了。

　　这番话显然带着一些印象派批评家的牙慧。事实上我们天天谈文学，在批评谁的作品好，谁的作品坏，文学上自然也有是非好丑，你欢喜坏的作品而不欢喜好的作品，这就显得你的趣味低下，还有什么话可说？这话谁也承认，但是难问题不在此，难问题在你以为丑他以为美，或者你以为美而他以为丑时，你如何能使他相信你而不相信他自己呢？或者进一步说，你如何能相信你自己一定是对呢？你说文艺上自然有一个好丑的标准，这个标准又如何可以

定出来呢？从前有些文学批评家们以为要取决于多数。以为经过长久时间淘汰而仍巍然独存，为多数人所欣赏的作品总是好的。相信这话的人太多，我不敢公开地怀疑，但是在我们至好的朋友中，我不妨说句良心话：我们至多能活到一百岁，到什么时候才能知道马塞尔·普鲁斯特（Marcel Proust）或戴维·赫伯特·劳伦斯（D. H. Lawrence）值不值得读一读呢？从前批评家们也有人，例如安诺德，以为最稳当的办法是拿古典名著做"试金石"，遇到新作品时，把它拿来在这块"试金石"上面擦一擦，硬度如果相仿佛，它一定是好的；如果擦了要脱皮，你就不用去理会它。但是这种办法究竟是把问题推远而并没有解决它，文学作品究竟不是石头，两篇相擦时，谁看见哪一篇"脱皮"呢？

"天下之口有同嗜"——但是也有例外。文学批评之难就难在此。如果依正统派，我们便要抹杀例外；如果依印象派，我们便要抹杀"天下之口有同嗜"。关于文学的嗜好，"例外"也并不可一笔勾销。在济慈（Keats）未死以前，嗜好他的诗的人是例外；在印象主义闹得轰轰烈烈时，真正嗜好马拉美（Malarmé）的诗人还是例外；我相信现在真正欢喜托马斯·斯特尔那斯·艾略特（T. S. Eliot）的人恐怕也得列在例外。这些"例外"的人常自居 élite（精英）之列，而实际上他们也往往真是 élite。所谓"经过长久时间淘汰而仍巍然独存的"作品往往是先由这帮"例外"的先生们捧出来的。

在正统派看来,"天下之口有同嗜"一个公式之不可抹杀当更甚于"例外"之不可抹杀。他们总得喊要"标准",喊要"普遍性"。他们自然也有正当道理。反正这场官司打不清,各个时代都有喊要标准的人,同时也都有信任主观嗜好的人。他们各有各的功劳,大家正用不着彼此瞧不起彼此。

文艺不一定只有一条路可走。东边的景致只有面朝东走的人可以看见,西边的景致也只有面朝西走的人可以看见。向东走者听到向西走者称赞西边景致时觉其夸张,同时怜惜他没有看到东边景致美。向西走者看待向东走者也是如此。这都是常有的事,我们不必大惊小怪。理想的游览风景者是向东边走过之后能再回头向西走一走,把东西两边的风味都领略到。这种人才配估定东西两边的优劣。也许他以为日落的景致和日出的景致各有胜境,根本不同,用不着去强分优劣。

一个人不能同时走两条路,出发时只有一条路可走。从事文艺的人入手不能不偏,不能不依傍门户,不能不先培养一种褊狭的趣味。初喝酒的人对于白酒红酒种种酒都同样地爱喝,他一定不识酒味。到了识酒味时他的嗜好一

定褊狭，非是某一家某一年的酒不能使他喝得畅快。学文艺也是如此，没有尝过某一种流派的训练和滋味的人总不免有些江湖气。我不知道会喝酒的人是否可以从非某一家某一年的酒不喝，进到只要是好酒都可以识出味道；但是我相信学文艺者应该能从非某家某派诗不读，做到只要是好诗都可以领略到滋味的地步。这就是说，学文艺的人入手虽不能不偏，后来却要能不偏，能凭空俯视一切门户派别，看出偏的弊病。

文学本来一国有一国的特殊的趣味，一时有一时的特殊的风尚。就西方诗说，拉丁民族的诗有为日耳曼民族所不能欣赏的境界，日耳曼民族的诗也有为非拉丁民族所能欣赏的境界。寝馈于古典派作品既久者对于浪漫派作品往往格格不入，寝馈于象征派既久者亦觉其他作品都索然无味。中国诗的风尚也是随时代变迁。汉魏六朝唐宋各有各的派别，各有各的信徒。明人尊唐，清人尊宋，好高古者祖汉魏，喜妍艳者推重六朝和西昆。门户之见也往往很严。

但是门户之见可以范围初学而不足以羁縻大雅。读诗较广泛者常觉得自己的趣味时时在变迁中，久而久之，有如江湖游客，寻幽览胜，风雨晦明，川原海岳，各有妙境，吾人正不必以此所长，量彼所短，各派都有长短，取长弃短，才无偏蔽。古今的优劣实在不易下定评，古有古的趣味，今也有今的趣味。后人做不到"蒹葭苍苍"和"涉江采芙蓉"诸诗的境界,古人也做不到"空梁落燕泥"和"山山尽落晖"诸诗的境界。浑朴精妍原来是两种不同的趣味,我们不必强其同。

文艺上一时的风尚向来是靠不住的。在法国17世纪新古典主义盛行时,16世纪的诗被人指摘得体无完肤,到浪漫时代大家又觉得"七星派诗人"亦自有独到境界。在英国浪漫主义盛行时,学者都鄙视17、18世纪的诗;现在浪漫的潮流平息了,大家又觉得从前被人鄙视的作品,亦自有不可磨灭处。个人的趣味演进亦往往如此。涉猎愈广博,偏见愈减少,趣味亦愈纯正。从浪漫派脱胎者到能见出古典派的妙处时,专在唐宋做功夫者到能欣赏六朝人作品时,笃好苏辛词者到能领略温李的情韵时,才算打通了诗的一关。好浪漫派而止于浪漫派者,或是好苏辛而止于苏辛者,终不免坐井观天,诬天渺小。

趣味无可争辩,但是可以修养。文艺批评不可漠视主观的私人的趣味,但是始终拘执一家之言者的趣味不足为凭。文艺自有是非标准,但是这个标准不是古典,不是"耐久"和"普及",而是从极偏走到极不偏,能凭空俯视一切门户派别者的趣味,换句话说,文艺标准是修养出来的纯正的趣味。

谈谦虚

说来说去,做人只有两桩难事:一是如何对付他人,一是如何对付自己。这归根还只是一件事,最难的事还是对付自己,因为知道如何对付自己,也就知道如何对付他人,处世还是立身的一端。

自己不易对付,因为对付自己的道理有一个模棱性,从一方面看,一个人不可无自尊心,不可无我,不可无人格。从另一方面看,他不可有妄自尊大心,不可执我,不可任私心成见支配。总之,他自视不宜太小,却又不宜太大,难处就在调剂安排,恰到好处。

自己不易对付,因为不容易认识,正如有力不能自举,有目不能自视。当局者迷,旁观者清。我们对于自己是天生成的当局者而不是旁观者。我们自囿于"我"的小圈子,不能跳开"我"来看世界,来看"我"。没有透视所必需的距离,不能取正确观照所必需的冷静的客观态度,也就生成执迷,认不清自己,只任私心、成见、虚荣、幻觉种种势力支配,把自己的真实面目弄得完全颠倒错乱。我们像蚕一样，作茧自缚，而这茧就是自己对于自己所错认出来的幻象。真正有自知之明的人实在不多见。"知人则哲"，自知或许是哲以上的事。"认识你自己"这句古训所以被称为希腊人最高智慧的结晶。

"认识你自己"，谈何容易！在日常自我估计中，道理总是自己的对，文章总是自己的好，品格也总是自己的高，<u>小的优点放得特别大，大的弱点缩得特别小</u>。人常"阿其所好"，而所好者就莫过于自己。自视高，旁人如果看得没有那么高，我们的自尊心就遭受了大打击，心中就结下深仇大恨。<u>这种毛病在旁人，我们就马上看出；在自己，我们就熟视无睹</u>。

希腊神话中有一个故事。一位美少年纳西索斯（Narcissus）自己羡慕自己的美，常伏在井栏上俯瞰水里自己的影子，愈看愈爱，就跳下去拥抱那影子，因此就落到井里淹死了。这寓言的意义很深永。我们都有几分"纳西索斯病"，常因爱看自己的影子堕入深井而不自知。照镜子本来是好事，我们对于不自知的人常加劝告："你去照照镜子看！"可是这种忠告是不聪明的，他看来看去，还是他自己的影子，像纳西索斯一样，他愈看愈自鸣得意，他的真正面目对于他自己也就愈模糊。他的最好的镜子是世界，是和他同类的人。<u>他认清了世界，认清了人性，自然也就</u>

会认清自己，自知之明需要很深厚的学识、经验。

德尔斐神谕宣示希腊说：苏格拉底是他们中间最大的哲人，而苏格拉底自己的解释是：他本来和旁人一样无知，旁人强不知以为知，他却明白自己的确无知，他比旁人高一着，就全在这一点。苏格拉底的话老是这样浅近而深刻，诙谐而严肃。他并非说客套的谦虚话，他真正了解人类知识的限度。"明白自己无知"是比得上苏格拉底那样的哲人才能达到的成就。有了这个认识，他不但认清了自己，多少也认清了宇宙。孔子也仿佛有这种认识。他说："吾有知乎哉？无知也。"他告诉门人知之为知之，不知为不知，是知也。所谓"不知之知"正是认识自己所看到的小天地之外还有无边的世界。

这种认识就是真正的谦虚。谦虚并非故意自贬身价，作客套应酬，像虚伪者所常表现的假面孔。它是起于自知之明，知道自己所已知的比起世间所可知的非常渺小，未知世界随着已知世界扩大，愈往前走发现天边愈远。他发现宇宙的无边无底，对之不能不起崇高雄伟之感；反观自己渺小，就不能不起谦虚之感。谦虚必起于自我渺小的意识，谦虚者的心目中必有一种为自己所不知不能的高不可攀的东西，老是要抬着头去望它。这东西可以是全体宇宙，可以是圣贤豪杰，也可以是一个崇高的理想。一个人必须见地高远,"知道天高地厚"才能真正地谦虚;不知道天高地厚的人就老是觉得自己伟大,海若未曾望洋,就以为"天下之美尽在己"。谦虚有它消极的方面,就是自我渺小的意识;也有它积极的方面,就是高远的瞻瞩与恢廓的胸襟。

看浅一点,谦虚是一种处世哲学。"人道恶盈而喜谦",人本来没有可盈的时候,自以为盈,就无法再有所容纳,有所进益。谦虚是知不足,知不足然后能自强。一切自然节奏都是一起一伏。引弓欲张先弛,升高欲跳先蹲,谦虚是进取向上的准备。老子譬道,常用谷和水。"谷神不死""旷兮其若谷""上善若水""天下莫柔弱于水,而攻坚强者莫之能胜"。谷虚所以有容,水柔所以不毁。人的谦虚可以说是取法于谷和水,它的外表虽是空旷柔弱,而它的内在的力量却极刚健。《周易》的谦卦六爻皆吉。作易的人最深知谦的力量,所以说:"谦尊而光,卑而不可逾。"道家与儒家在这一点认识上是完全相同的。这道理好比打太极拳,极力求绵软柔缓,可是"四两拨千斤",极强悍的力士在这轻推慢挽之前可以望风披靡。古希腊的悲剧作者大半是了解这个道理的,悲剧中的主角往往以极端的倔强态度和不可以倔强胜的自然力量(希腊人所谓神的力量)搏斗,到收场时一律被摧毁,悲剧的作者拿这些教训在观众心中引起所谓的"退让"(resignation)情绪,使人恍然大悟在自然大力之前，人是非常渺小的，人应该降下他的骄傲心，顺从或接受不可抵制的自然的安排。这思想在后来耶稣教中也很占势力。近代科学主张"以顺从自然去征服自然"，道理也是如此。

看深一点，谦虚是一种宗教情绪。这道理在上文所说的希腊悲剧中已约略可见。宗教都有一个被崇拜的崇高的对象，我们向外所呈献给被崇拜对象的是虔敬，向内所对待自己的是谦虚。虔敬和谦虚是宗教情绪的两方面，内外相应相成。这种情绪和美感经验中的"崇高意识"（sense of the sublime）以及一般人的英雄崇拜心理是相同的。我们突然间发现对象无限伟大，无形中自觉此身渺小，于是栗然生畏，肃然起敬，但是惊心动魄之余，就继以心领神会，物我交融，不知不觉中把自己也提升到那同样伟大的境界。对自然界的壮观如此，对伟大的英雄如此，对理想中所悬的全知全能的神或尽善尽美的境界也是如此。在这种心境中，我们同时感到自我的渺小和人性的尊严，自卑和自尊打成一片。

我们姑且拿两首人人皆知的诗来说明这个道理。一是陈子昂的"前不见古人，后不见来者，念天地之悠悠，独怆然而涕下"！一是杜甫的"侧身天地常怀古，独立苍茫自咏诗"。我们试玩味两诗所表现的心境。在这种际会，作者

还是觉得上天下地，唯我独尊，因而踌躇满志呢，还是四顾茫茫，发现此身渺小而恍然若有所失呢？这两种心境在表面上是相反的，而在实际上却并行不悖，形成哲学家们所说的"相反者之同一"。在这种际会，骄傲和谦虚都失去了它们的寻常意义，我们骄傲到超出骄傲，谦虚到泯没谦虚。我们对庄严的世相呈献虔敬，对蕴藏人性的"我"也呈献虔敬。

有这种情绪的人才能了解宗教，释迦和耶稣都富于这种情绪，他们极端自尊也极端谦虚。他们知道<u>自尊必从谦虚做起</u>，所以立教特重谦虚。佛家的大戒是"我执""我慢"。佛家的哲学精义在"破我执"。佛徒在最初时期都须以行乞维持生活，所以叫作"比丘"。行乞是最好的谦虚训练。耶稣常溷身下层阶级，一再告诫门徒说："凡自己谦卑像这小孩的，他在天国里就是最大的"，"你们中间谁为大，谁就要做你们的佣人，自高的必降为卑，自卑的必升为高"。这教训在中世纪发生影响极大，许多僧侣都操贱役，过极刻苦的生活，去实现谦卑（humiliation）的理想，圣·弗兰西斯是一个很美的例证。

耶稣教徒和其他宗教都有膜拜的典礼，它的意义深可玩味。在只是虚文时，它似很可鄙笑；在出于至诚时，它却是虔敬和谦虚的表现，人类可敬的动作就莫过于此。人难得弯下这个腰杆，屈下这双膝盖，低下这颗骄傲的心，在真正可尊敬者的面前"五体投地"。有一次我去一个法会听经，看见皈依的信士们进来时恭恭敬敬地磕一个头，出去时又恭恭敬敬地磕一个头。我很受感动，也觉得有些尴尬。我所深感惭愧的倒不是人家都磕头而我不磕头，而是我的心中从来没有感觉到有磕头的需要。我虽是愚昧，却明白这足见性分的浅薄。我或是没有脱离"无明"，没有发现一种东西叫我敬仰到须向它膜拜的程度；或是没有脱离"我慢"，虽然发现了可膜拜者而仍以膜拜为耻辱。

"我慢"就是骄傲，骄傲是自尊情操的误用。人不可没有自尊情操，有自尊情操才能知耻，才能有所谓的"荣誉意识"（sense of honour），才能有所为有所不为，也才能发奋向上。孔子说"知耻近乎勇"，和《学记》的"知不足然后能自强"、《易经》的"谦尊而光，卑而不可逾"两句名言意义骨子里相同。近代心理学家阿德勒（Adler）把这个道理发挥得最透辟。依他看，我们有自尊心，不甘居下流，所以发现了自己的缺陷，就引以为耻，在心里形成所谓的"卑劣结"（infefiofity complex），同时激起所谓的"男性的抗议"（masculine protest），要努力弥补缺陷，消除卑劣，来显出自己的尊严。努力的结果往往不但弥补缺陷，而且所达到的成就反比本来没有缺陷的更优越。希腊的德摩斯梯尼本来口吃，不甘心受这缺陷的限制，发愤练习演说，于是成为了不起的演说家，中国的孙子因膑足而成《兵法》，左丘明因失明而成《国语》，司马迁因受宫刑而作《史记》，道理也是如此。阿德勒所谓"卑劣结"其实就是谦虚，"知耻"或"知不足"；他的"男性的抗议"就是"自强近乎勇"或"卑而不可逾"。从这个解释，我们也可以看出谦虚与自尊心不但并不相反，而且是息息相通。真正有自尊心者才能谦虚，也才能发奋为雄。"尧，人也，舜，人也，有为者亦若是"，在做这种打算时，我们一方面自觉不如尧舜，那就是谦虚；一方面自觉应该如尧舜，那就是自尊。

　　骄傲是自尊情操的误用，是虚荣心得到廉价的满足。虚荣心和幻觉相连，有自尊而无自知。它本来起于社会本能——要见好于人，同时也带有反社会的倾向，要把人压倒。它的动机在好胜而不在向上，在显出自己的荣耀而不在理想的追寻。虚荣加上幻觉，于是在人我比较中，我们比得胜固然自骄其胜，比不胜也仿佛自以为胜，或是丢开定下来的标准，另寻自己的胜处。我们常暗地盘算：你比我能干，可是我比你有学问，你干的那一行容易，地位低，不重要，我干的才是真正了不起的事业；你的成就固然不差，可是如果我有你的地位和机会，我的成就一定比你更好。总之，我们常把眼睛瞟着四周的人，心里作一个结论："我比你强一点！"于是竖起大拇指，洋洋自得，并且期望旁人都甘拜下风，这就是骄傲。人之骄傲，谁不如我，我以压倒你为快，你也以压倒我为快。无论谁压倒谁，妒忌、愤恨、争斗以及它们所附带的损害和苦恼都在所不免。人与人，集团与集团，国家与国家，中间许多灾祸都是这样酿成的。"礼至而民不争"，礼之端就是辞让，也就是谦虚。

欢喜比照人己而求己比人强的人大半心地窄狭，谩世傲物的人要归到这一类。他们昂头俯视一切，视一切为"卑卑不足道"，"望望然去之"。阮籍能为青白眼，古今传为美谈。这种谩世傲物的态度在中国向来颇受人重视。从庄子的"让王"类寓言起，经过魏晋清谈，以至后世对于狂士和隐士的崇拜，都可以表现这种态度的普遍。这仍是骄傲在作祟。在清高的烟幕之下藏着一种颇不光明的动机。"人都龌龊，只有我干净"（所谓"世人皆浊我独清"），他们在这种自信或幻觉中酖醉而陶然自乐。熟看《世说新语》，我始而羡慕魏晋人的高标逸致，继而起一种强烈的反感，觉得那一批人毕竟未闻大道，整天在臧否人物，自鸣得意，心地毕竟局促。他们忘物而未能忘我，正因其未忘我而终亦未能忘物，态度毕竟是矛盾。魏晋人自有他们的苦闷，原因也就在此。"人都龌龊，只有我干净"，这看法或许是幻觉，或许是真理。如果它是幻觉，那是妄自尊大；如果它是真理，就引以为自豪，也毕竟是小气。孔子、释迦、耶稣诸人未尝没有这种看法，可是他们的心理反应不是骄傲而是怜悯，不是遗弃而是援救。长沮、桀溺说："滔滔者天下皆是，而谁以易之？"孔子说："鸟兽不可与同群，吾非斯人之徒之与而谁与？"这是漫世傲物者与悲天悯人者在对人对己的态度上的基本分别。

人生本来有许多矛盾的现象，<u>自视愈大者胸襟愈小，自视愈小者胸襟愈大。这种矛盾起于对于人生理想所悬的标准高低。标准悬得愈低，愈易自满；标准悬得愈高，愈自觉不足。</u>虚荣者只求胜过人，并不管所拿来和自己比较的人是否值得做比较的标准。只要自己显得是长子，就在矮人国中也无妨。孟子谈交友的对象，分出"一乡之善士""一国之善士""天下之善士""古之人"四个层次。我们衡量人我也要由"一乡之善士"扩充到"古之人"。大概性格愈高贵，胸襟愈恢廓，用来衡量人们的尺度也就愈大，而自己也就显得愈渺小。一个人应该有自己渺小的意识，不仅是当着古往今来的圣贤豪杰的面前，尤其是当着自然的伟大、人性的尊严和时空的无限。你要拿人比自己，且抛开张三李四，比一比孔子、释迦、耶稣、屈原、杜甫、米开朗琪罗、贝多芬或是爱迪生！且抛开你的同类，比一比太平洋、大雪山、诸行星的演变和运行，或是人类知识以外的那一个茫茫宇宙！在这种比较之后，你如果不为伟大崇高之感所撼动而俯首下心、肃然起敬，你就没有人性中最高贵的成分。你如果不盲目，看得见世界的博大，也看得见世界的精微，你想一想，世间哪里有临到你可凭以骄傲的？

在见道者的高瞻远瞩中，"我"可以缩到无限小，也可以放到无限大。在把"我"放到无限大时，他们见出人性的尊严；在把"我"缩到无限小时，他们见出人性在自己小我身上所实现的非常渺小。这两种认识合起来才形成真正的谦虚。佛家法相一宗把叫作"我"的肉体分析为"扶根尘"，和龟毛兔角同为虚幻，把"我"的通常知见都看成幻觉，和镜花水月同无实在性。这可算把自我看成极渺小。可是他们同时也把宇宙一切，自大地山河以至玄理妙义，都统摄于圆湛不生不灭妙明真心，万法唯心所造，而此心却为我所固有，所以"明心见性"，"即心即佛"。这就无异于说，真正可以叫作"我"的那种"真如自性"还是在我，宇宙一切都由它生发出来，"我"就无异于创世主。这对于人性却又看得何等尊严！不但宗教家，哲学家像柏拉图、康德诸人大抵也还是如此看法。我们先秦儒家的看法也不谋而合。儒本有"柔懦"的意义，儒家一方面继承"一命而偻，再命而伛，三命而俯，循墙而走"那种传统的谦虚恭谨，一方面也把"我"看成"与天地合德"。他们说"返身而诚，

万物皆备于我矣","能尽人之性,则能尽物之性;能尽物之性,则可以赞天地之化育;可以赞天地之化育,则可以与天地参矣"。他们拿来放在自己肩膀上的责任是"为天地立心,为生民立命,为往圣继绝学,为万世开太平"。这种"顶天立地,继往开来"的自觉是何等尊严!

意识到人性的尊严而自尊,意识到自我的渺小而自谦,自尊与自谦合一,于是法天行健,自强不息,这就是《易经》所说的"谦尊而光,卑而不可逾"。

谈写作学习
——在香港中文大学一次夜餐会上
　　应邀的一次谈话

　　诸位约我谈一点个人学习写作的经验,我不是一个文学创作家,一生都只写些关于写作的议论文,没有写过一部文学创作。我是桐城人,自幼就只读些姚姬传的《古文辞类纂》,蘅塘退士的《唐诗三百首》,沈德潜的《古诗源》和张惠言的《词选》之类选本。这些作品就养成我对中国文学的爱好。受到一位宋诗派老师的教导,特别爱好诗词。后来进武昌高等师范学校中文系,学过段玉裁的《说文解字注》,对中国文字学得到了初步认识。后来考入香港大学,毕业后又留学英法大学共8年,初步接触到西方文学,随时拿西方文学和中国文学进行比较,写了一些心得。这样就走上美学道路。回国后就一直从事美学或诗学方面的研究和翻译工作,写的全是些理论文章。偶尔也想写点文艺创作,可是总写不出来,原因在于我惯于抽象思维,就扼杀了形象思维的能力。因此我常根据自己失败的教训,劝告文学青年朋友们早就集中精力于细心观察和体验实际生活,少谈一点理论或公式教条,把亲身体验的实际生活加以精练地形象化,便是文学作品了。为着自己创作,就要钻研一些模范作品。无论是写诗或写散文,都要精读一些模范作品。就像写字作画都要"临帖"一样,从而摸索出大家名手的诀窍。这是文艺创作家成功的秘诀,也是一切行业(包括近代工业和农业)成功的秘诀。"工欲善其事,必先利其器"。文学用的"器"是语言文字。从事文学创作的人也要在语言文字学方面下一些切实的功夫。这是现在一般青年写作家们所忽视的。我自己开始写作时,白话文运动刚开始。我是从学古文起家的,起初颇觉以白话代替古文未免可惜,经过一阵彷徨,后来我终于认识到白话文比文言更接近现实生活,也更接近群众,于是毅然忍痛地放弃了古文,学习白话文,不过发现古文的根底对写白话文也还有用,想在写白话文中学一点古文的简洁明确。

语言有全国性的,也有地方性的,二者是不可偏废的。文学也是如此。这就要涉及文艺的民族性问题,也就要涉及香港和台湾的文艺前途问题。这两个地方的语言都与粤语和闽语有渊源,这两种地方语,特别是粤语,在近代都产生过自己特有的文学,都对国语和中国文学有所贡献。从此我想到《楚辞》在中国文学中的起源和发展足资借鉴。屈原是楚人,楚在战国时代属于南方的一个少数民族,屈原所创建的《楚辞》是和《诗经》中的《国风》部分一脉相承,而后来对中国文艺和文化起着重要作用的。我悬想台湾文学也终会成为中国文学中的一种"国风"。目前就有生动的事实足以证明。大量的台湾文学作品和乐歌已介绍到大陆,深受一帮文艺爱好者欢迎,对青年作家们已在产生显著影响。另一方面,大量内地的文学作品也已在香港和台湾流行。我很高兴地看到自己的一些著作也在香港和台湾不断地翻印流行。最近我还看到秦贤次先生替台湾"洪范文学丛书"编的我的一部《诗论新编》;编得很出色,搜集了我自己早已遗忘了的一些颇足说明问题的资料,例如,我受《歌谣研究》的影响写的对于诗的形式问题的意见,《性欲"母题"在原始诗歌中的位置》以及［读胡适的《白话文学史》后的意见］［朱佩弦先生的《诗言志辨》］。我在香港还注意到近年来台湾印行的大部头的中国古籍也很多很好。这些生动的事实不正足以证明台湾与大陆的和好(友好)合作足以提高人类文化和福利吗?实际上这种和好合作是大势所趋、人心所向,将会顺利进行。否则我这次就根本不会应新亚书院的邀约来香港讲学。我在和香港中文大学师生短期接触中对他们的良好学风和研究成果只有钦佩,我深信我们和好合作是大势所趋,让我们认清形势,和好合作,来促进和提高全人类的文明和幸福吧!

朱光潜

文学的趣味

文学作品在艺术价值上有高低的分别，鉴别出这高低而特有所好、特有所恶，这就是普通所谓的趣味。辨别一种作品的趣味就是评判，玩索一种作品的趣味就是欣赏，把自己在人生、自然或艺术中所领略得的趣味表现出来就是创造。趣味对于文学的重要于此可知。文学的修养可以说就是趣味的修养。趣味是一个比喻，由口舌感觉引申出来的。它是一件极寻常的事，却也是一件极难的事。虽说"天下之口有同嗜"，而实际上"人莫不饮食也，鲜能知味"。它的难处在没有固定的客观的标准，而同时又不能完全凭主观的抉择。说完全没有客观的标准吧，文章的美丑犹如食品的甜酸，究竟容许公是公非的存在；说完全可以凭客观的标准吧，一般人对于文艺作品的欣赏有许多个别的差异，正如有人嗜甜，有人嗜辣。在文学方面下过一番功夫的人都明白文学上趣味的分别是极微妙的，差之毫厘往往谬以千里。<u>极深厚的修养常在毫厘之差上见出，极艰苦的磨炼也常是在毫厘之差上做功夫。</u>

举一两个实例来说。南唐中主的《浣溪沙》是许多读者所熟读的：

菡萏香销翠叶残，西风愁起绿波间。还与韶光共憔悴，不堪看。
细雨梦回鸡塞远，小楼吹彻玉笙寒。多少泪珠何限恨，倚阑干。

冯正中、王荆公诸人都极赏"细雨梦回"二句，王静安在《人间词话》里却说："'菡萏香销'二句大有众芳芜秽美人迟暮之感，乃古今独赏其'细雨梦回'二句，故知解人正不易得。"《人间词话》又提到秦少游的《踏莎行》，这首词最后两句是"郴江幸自绕郴山，为谁流下潇湘去"，最为苏东坡所叹赏；王静安也不以为然："少游词境最为凄婉，至'可堪孤馆闭春寒，杜鹃声里斜阳暮'，则变而为凄厉矣。东坡赏其后二语，犹为皮相。"

这种优秀的评判正足见趣味的高低。我们玩味文学作品时，随时要评判优劣，表示好恶，就随时要显趣味的高低。冯正中、王荆公、苏东坡诸人对于文学不能说算不得"解人"，他们所指出的好句也确实是好，可是细玩王静安所指出的另外几句，他们的见解确不无可议之处，至少是

"郴江绕郴山"二句实在不如"孤馆闭春寒"二句。几句中间的差别微妙到不易分辨的程度,所以容易被人忽略过去。可是它所关却极深广,赏识"郴江绕郴山"的是一种胸襟,赏识"孤馆闭春寒"的另是一种胸襟;同时,在这一两首词中所用的鉴别的眼光可以应用来鉴别一切文艺作品,显出同样的抉择,同样的好恶,所以对于一章一句的欣赏大可见出一个人的一般文学趣味。好比善饮酒者能敏感地鉴别一杯酒,就能敏感地鉴别一切的酒。趣味其实就是这样的敏感。离开这一点敏感,文艺就无由欣赏,好丑妍媸就变成平等无别。

不仅欣赏,在创作方面我们也需要纯正的趣味。每个作者必须是自己的严正的批评者,他在命意布局遣词造句上都须辨析锱铢,审慎抉择,不肯有一丝一毫含糊敷衍。他的风格就是他的人格,而造成他的特殊风格的就是他的特殊趣味。一个作家的趣味在他的修改锻炼的功夫上最容易见出。西方名家的稿本多保存在博物馆,其中修改的痕迹最足发人深省。中国名家修改的痕迹多随稿本淹没,但在笔记杂著中也偶可见一斑。姑举一例。黄山谷的《冲雪宿新寨》一首七律的五六两句原为"俗学近知回首晚,病身全觉折腰难"。这两句本甚好,所以王荆公在都中听到,就击节赞叹,说"黄某非风尘俗吏"。但是黄山谷自己仍不满意，最后改为"小吏有时须束带，故人颇问不休官"。这两句仍是用陶渊明见督邮的典故，却比原文来得委婉含蓄。弃彼取此，亦全凭趣味。如果在趣味上不深究，黄山谷既写成原来两句，就大可苟且偷安。

以上谈欣赏和创作，摘句说明，只是为其轻而易举，其实一切文艺上的好恶都可作如是观。你可以特别爱好某一家，某一体，某一时代，某一派别，把其余都看成左道狐禅。文艺上的好恶往往和道德上的好恶同样地强烈深固，一个人可以在趣味异同上区别敌友，党其所同，伐其所异。文学史上许多派别，许多笔墨官司，都是这样起来的。

在这里我们会起疑问：文艺有好坏，爱憎起于好坏，好的就应得一致爱好，坏的就应得一致憎恶，何以文艺的趣味有那么大的分歧呢？你拥护六朝，他崇拜唐宋；你赞赏苏辛，他推崇温李，纷纭扰攘，莫衷一是。作品的优越不尽可为凭，莎士比亚、布莱克、华兹华斯一帮开风气的诗人在当时都不很为人重视。读者的深厚造诣也不尽可为凭，托尔斯泰攻击莎士比亚和歌德，约翰逊看不起弥尔顿，法朗士讥诮荷马和维吉尔。这种趣味的分歧是极有趣的事实。粗略地分析，造成这事实的有下列几个因素：

第一是资禀性情。文艺趣味的偏向在大体上先天已被决定。最显著的是民族根性。拉丁民族最喜欢明晰，条顿民族最喜欢力量,希伯来民族最喜欢严肃,他们所产生的文艺就各具一种风格,恰好表现他们的国民性。就个人论,据近代心理学的研究,许多类型的差异都可以影响文艺的趣味。比如在想象方面,"造型类"人物要求一切像图画那样一目了然,"涣散类"人物喜欢一切像音乐那样迷离隐约;在性情方面,"硬心类"人物偏袒阳刚,"软心类"人物特好阴柔;在天然倾向方面,"外倾"(外向)者喜欢戏剧式的动作,"内倾"(内向)者喜欢独语体诗式的默想。这只是就几个荦荦大端来说,每个人在资禀性情方面还有他的特殊个性,这和他的文艺的趣味也密切相关。

其次是身世经历。《世说新语》中谢安有一次问子弟:"《毛诗》何句最佳?"谢玄回答:"昔我往矣,杨柳依依;今我来思,雨雪霏霏。"谢安表示异议,说:"訏谟定命,远猷辰告。"谓此句有雅人深致。这两人的趣味不同,却恰合两人不同的身份。谢安自己是当朝一品,所以特别能欣赏那形容老成谋国的两句;谢玄是翩翩佳公子,所以那流连风景、感物兴怀的句子很合他的口味。本来文学欣赏,贵能设身处地去体会。如果作品所写的与自己所经历的相近,我们自然更容易了解,更容易起同情。杜工部的诗在这抗战期中读起来,特别亲切有味,也就是这个道理。

第三是传统习尚。法国学者丹纳著《英国文学史》,指出"民族""时代""周围"(法文 milieu,略似英文 circle,意谓"圈子",即常接近的人物,比如说,属于一个派别就是站在那个圈子里)为文学的三大决定因素,文艺的趣味也可以说大半受这三种势力影响而形成。各民族、各时代都有它的传统,每个人的"周围"都有它的习尚。在西方,古典派与浪漫派、理想派与写实派;在中国,六朝文与唐宋古文,选体诗、唐诗和宋诗,五代词、北宋词和南宋词,桐城派古文和阳湖派古文,彼此中间都树有很森严的壁垒。投身到某一派旗帜之下的人,就觉得只有那一派是正统,阿其所好,以至于目空其余一切。我个人与文艺界朋友的接触,深深地感觉到传统习尚所产生的一些不愉快的经验。我对新文学属望很殷,费尽千言万语也不能说服国学耆宿们,让他们相信新文学也自有一番道理。我也很爱读旧诗文,向新文学作家称道旧诗文的好处,也被他们嗤为顽腐。此外新旧文学家中又各派别之下有派别,京派海派,左派右派,彼此相持不下。我冷眼看得很清楚,每派人都站在一个"圈子"里,那"圈子"就是他们的"天下"。

一个人在创作和欣赏时所表现出的趣味,大半由上述三个因素决定。资禀性情、身世经历和传统习尚,都是很自然地套在一个人身上的,轻易不能摆脱,而且它们的影响有好有坏,也不必完全摆脱。我们应该做的功夫是根据固有的资禀性情而加以磨砺陶冶,扩充身世经历而加以细心地体验,接受多方的传统习尚而求取长补短,融会贯通。这三层功夫就是普通所谓的学问修养。纯恃天赋的趣味不足为凭,纯恃环境影响造成的趣味也不足为凭,纯正的可凭的趣味必定是学问修养的结果。

孔子有言:"知之者不如好之者,好之者不如乐之者。"仿佛以为知、好、乐是三层事,一层深一层;其实在文艺方面,第一难关是知,能知就能好,能好就能乐。知、好、乐三种心理活动融为一体就是欣赏,而欣赏所凭的就是趣味。许多人在文艺趣味上有欠缺,大半由于在知上有欠缺。

有些人根本不知,当然不会盛感到趣味,看到任何好的作品都如蠢牛听琴,不起作用。这是精神上的残废。犯这种毛病的人失去大部分生命的意味。

有些人知得不正确,于是趣味低劣,缺乏鉴别力,只以需要刺激或麻醉,取恶劣作品疗饥过瘾,以为这就是欣赏文学。这是精神上的中毒,可以使整个的精神受腐化。

有些人知得不周全,趣味就难免窄狭,像上文所说的,被囿于某一派别的传统习尚,不能自拔。这是精神上的短视,"坐井观天,诬天渺小"。

要诊治这三种流行的毛病,唯一的方剂是扩大眼界,加深知解。一切价值都由比较得来,生长在平原,你说小山坡最高,你可以受原谅,但是你错误。"登东山而小鲁,登泰山而小天下",那"天下"也只是孔子所能见到的天下。要把山估计得准确,你必须把世界名山都游历过、测量过。研究文学也是如此,你玩索的作品愈多,种类愈复杂,风格愈分歧,你的比较资料愈丰富,透视愈正确,你的鉴别力(这就是趣味)也就愈可靠。

人类心理都有几分惰性,常以先入为主,想获得一种新趣味,往往须战胜一种很顽强的抵抗力。许多旧文学家不能欣赏新文学作品,就因为这个道理。就我个人的经验来说,起初习文言文,后来改习语体文,颇费过一番冲突与挣扎。在才置信语体文时,对文言文颇有些反感,后来多经摸索,觉得文言文仍有它的不可磨灭的价值。专就学文言文说,我起初学桐城派古文,跟着古文家们骂六朝文的绮靡,后来稍致力于六朝人的著作,才觉得六朝文也有为唐宋文所不可及处。在诗方面我从唐诗入手,觉宋诗索然无味,后来读宋人作品较多,才发现宋诗也特有一种风味。我学外国文学的经验也大致相同,往往从笃嗜甲派不了解乙派,到了解乙派而对甲派重新估定价值。我因而想到培养文学趣味好比开疆辟土,须逐渐把本来非我所有的征服为我所有。英国诗人华兹华斯说道:"一个诗人不仅要创造作品,还要创造能欣赏那种作品的趣味。"我想不仅作者如此，读者也须时常创造他的趣味。<u>生生不息的趣味才是活的趣味</u>，像死水一般静止的趣味必定陈腐。活的趣味时时刻刻在发现新境界，死的趣味老是囿在一个窄狭的圈子里。这道理可以适用于个人的文学修养，也可以适用于全民族的文学演进史。

朱光潜

给苦闷的青年朋友们

朋友们：

　　我是中年以上的人，处在现在这个环境，几乎没有一天不感觉苦闷，你们正当血气旺盛、感觉敏锐、情感丰富的时候，苦闷的程度当然比我的更深。因为年龄的悬殊，我们在经验与见解上不免有些隔阂；但是我也经过了青年时代，我想你们的心绪是我能够了解的，而且能够同情的，你们的环境之中哪一件叫你们能不苦闷呢？先说家庭。你们多数人一进了学校，就和家庭隔绝，在教育上得不到家庭的督导，在经济上得不到家庭的援助，在情感上得不到家庭的温慰，你们就像失巢的孤雏，伶仃孤苦地在这广大而残酷的世界里自奔前程，自寻活计。并且在一般穷困流离的情况之下，许多家庭都不免有些不如意的事，有些是贫病交加，有些是家败人亡，这尤其使流亡在远方的子弟们时时抱着一种沉忧隐痛。

　　其次说到学校，这些年来我都厕身教育界，说起来不能不惭愧，学校对于你们都没有尽到它应尽的职责。它只

奉行公事，贩卖一点知识，没有顾到真正的学术研究，没有顾到学校里的社会生活，更没有顾到人格熏陶。你们虽是处在一大群人之中，实际上每个人都是孤独的，寂寞的，与教师无往来，与同学往来也不多，终日独行踽踽，茫茫不知所之，加以经济压迫，使你们多数人在最需要营养的发育期，缺乏最低限度的营养，以致由虚而弱，由弱而病，在应该活泼泼的青春就感到病的纠缠与死的恐怖。你们许多人都像破墙脚下石头压着的萎黄的小草，无论在生理上或是在心理上，很少有是健康的。

最伤心的当然还是时局。抗战胜利带来了多么大的喜悦与希望！而这喜悦与希望不到一两年就打得粉碎。于今战氛蔓延全国，经济濒于破产，眼看全体崩溃与侵略势力的闯入就在目前，这怎能叫人不忧惧，不愤恨！这事实纠葛之中又夹杂着政治思想的问题，而这问题是青年人所特别关心的。在中国和在全世界一样，很显然地摆着两个路线，两个壁垒，一是英美所代表的政治制度，一是苏联所代表的政治制度。究竟哪一条路是将来世界的出路呢？哪一条路比较适合现在中国的国情呢？青年朋友们未必有资料与时间对这些问题做周密的检讨，往往凭着片面的带有哄骗性的宣传文字，把自己摆到某一方的旗帜之下，这与其说是思想的归宿，毋宁说是情感的寄托。在情感酝酿之中产生了某一面政治理想，而任何一面政治理想在中国都和事实起剧烈的冲突，甲路碰了壁而乙路也未必走得通，究竟中国有没有出路呢？世界有没有出路呢？原来想在一种政治理想上寄托情感与希望，而事实到处予以强烈的否认，于是情感与希望仍然是落空虚悬。不仅在中国，在整个世界，战争与毁灭的黑影都常在面前摇晃，这怎能叫人不心焦气闷！

　　在这种种情形之下，人人都感觉到压迫、窒息、寂寞和空虚，而你们青年人所感觉到的当然更尖锐。于今世界已成为一个息息相关的有机体，世界没有出路，国家不会有出路；国家没有出路，个人也决没有出路。这一连串的铁环是没有人能打破的。不过有一点我们可以确定：假如要把世界和国家扭转到正轨，必须个别分子的努力。"事在人为"，于今谁可为呢？不消说得，要有一批有朝气的人才能做出一番有朝气的事业，造就一种有朝气的乾坤。像我们这辈中年以上的人们在心理发展上都已定型，暮气已深，因循坐误大事的是我们这一辈人，要想我们变成另样的人来把世事弄好，那希望恐甚渺茫。我们说这话也很痛心，但是不幸这是事实。所以我们不能不殷切寄望于你们这一辈青年人，望你们不再像我们这样无能，终有一日能挽回这个危亡的局面。但是目睹你们的苦闷消沉的情形，我们也不免栗栗危惧。你们能否如我们所殷切属望的,担当得起这个重大的责任呢?我们中年以上人之中常有人窃窃私语,说我们这一辈人固然不行,下一辈人还更不如我们。如果真是一蟹不如一蟹,中国不就完了吗?我们忏悔自己种因不善,造成一种环境,叫你们不得不苦闷消沉;同时,我们也不甘心就这样了局,尽管病已垂危,一息尚存,我们仍望能起死回生,而这起死回生的力量就来自你们。在这忏悔与希望之中,我们想以过来人的资格,向你们进一点苦口婆心的忠告。

<u>苦闷</u>本身不一定就是坏事,它可能由窒息而死,也可能由透气而生。它是或死或生之前的歧途,可以引入两个极端相反的世界。我知道有许多人由苦闷而消沉,由消沉而堕落;也有许多人由苦闷而挣扎,由挣扎而成功。<u>苦闷总比麻木不仁好,苦闷至少表示对现实的缺陷还有敏感,还可以激起求生的努力;麻木不仁就只有因循堕落那一个归宿。</u>苦闷是波澜,麻木不仁就是死水。处在现在这样的环境而能不苦闷,那就是无心肝,那就是社会血液中致死的毒素。现在你们青年人还能苦闷,那就表示中国生机未绝。我们中国的老教训是国家与个人"恒存乎灾患疢疾","独孤臣孽子,其操心也危,其虑患也深,故达"。有一种苦闷是孤臣孽子的苦闷,也有一种苦闷是失败主义者的苦闷。

你们的苦闷自居哪一种呢？这是必须深加省察的。如果是孤臣孽子的苦闷，那就终有"达"的一日；如果是失败主义者的苦闷，那就是暮气的开始，终必由消沉而堕落了。

苦闷是危难时期青年人所必经的阶段，但是这只能是一个阶段，不能长久地在这上面停止着。若是止于苦闷，也终必消磨锐气，向引起苦闷的恶势力缴械投降。我所谓孤臣孽子的苦闷是奋斗的激发力，挣扎的前序曲。问题是：向什么目的或方向去奋斗挣扎呢？"工欲善其事，必先利其器"，如果改造社会挽救中国是你们所要做的"事"，你们自己的品格、学识和才能就是"器"。我们中年以上这一辈人所以把中国弄得这样糟，就误在这个"器"太不"利"了。比如说，现代国家离不开工业，我们工业人才不如人，所以落后；民主国家要有够水准的公民，我们的教育不如人，所以产生一些腐败无能的官吏和视国事不关痛痒的人民。其他一切事没有做好，也都由于做事人的质料太差。你们埋怨旁人没有把事做好，假如让你们自己来，试问你们的品格是否能保证你们不像过去人那样贪污腐败？你们的学问才具是否能保证你们不像过去人那样无能？假如你在学外交，你是否比现在办外交的人有较深切的国际关系的认识和令人较能钦佩的风度与才具？假如你在学医，你是否有希望能比过去的医生或你的老师较高明？假如你们的品

格、学识和才能都不比过去的人强,让你们来接他们的事,你们就绝不会比他们有较好的成就。那么,你们就不配埋怨旁人,更不配谈什么革命或改造社会。你们凭什么去改造呢?社会并不是借一些空洞的口号标语所可改造得了的,也不是借一些游行集会可改造得了的。我们在青年时代也干过这些勾当,可是不幸得很,社会到现在比从前还更糟;而我们现在还要以过来人的资格向你们这一辈青年人作这样苦口婆心的劝告,这是命运给我们的一种最冷酷的嘲笑,我们只希望你们的下一辈人不致再"以后人哀前人"。

生命

　　说起来已是二十年前的事了。如今我还记得清楚，因为那是我生平中一个最深刻的印象。有一年夏天，我到苏格兰西北海滨一个叫作爱约夏的地方去游历，想趁便去拜访农民诗人彭斯的草庐。那一带地方风景仿佛像日本内海而更曲折多变化。海湾伸入群山间成为无数绿水映着青山的湖。湖和山都老是那样恬静幽闲而且带着荒凉景象，几里路中不容易碰见一个村落，处处都是山谷、树林和草坪。走到一个湖滨，我突然看见人山人海，男的女的，老的少的，穿深蓝大红衣服的，褴褛蹒跚的，蠕蠕蠢动，闹得喧天震地；原来那是一个有名的浴场。那是星期天，人们在城市里做了六天的牛马，来此过一天快活日子。他们在炫耀他们的服装，他们的嗜好，他们的皮肉，他们的欢爱，他们的文雅与村俗。像湖水的波涛汹涌一样，他们都投在生命的狂澜里，尽情享一日的欢乐。就在这么一个场合中，一位看来像是皮鞋匠的牧师在附近草坪中竖起一个讲台向寻乐的人们布道。他也吸引了一大群人。他喧嚷，群众喧嚷，湖水也喧嚷，他的话无从听清楚，只有"天国""上帝""忏悔""罪孽"几个较熟的字眼偶尔可以分辨出来。那群众常是流动的，时而由湖水里爬上来看牧师，时而由牧师那里走下湖水。游泳的游泳，听道的听道，反之，都在凑热闹。

对着这场热闹，我伫立凝神一反省，心里突然起了一阵空虚寂寞的感觉，我思量到生命的问题。摆在我们面前的显然就是生命。我首先感到的是这生命太不调和。那么幽静的湖山当中有那么一大群嘈杂的人在嬉笑取乐，有如佛堂中的蚂蚁抢搬虫尸，已嫌不称；又加上两位牧师对着那些喝酒、抽烟、穿着游泳衣裸着胳膊大腿卖眼色的男男女女讲"天国"和"忏悔"，这岂不是对于生命的一个强烈的讽刺？约翰授洗者在沙漠中高呼救世主来临的消息，他的声音算是投在虚空中了。那位苏格兰牧师有什么可比约翰？他以布道为职业，于道未必有所知见，不过剽窃一些空洞的教门中语扔到头脑空洞的人们的耳里，岂不是空虚而又空虚？推而广之，这世间一切，何尝不都是如此！比如那些游泳的人们在尽情欢乐，虽是热烈，却也很盲目，大家不过是机械地受生命的动物性的要求在鼓动驱遣，太阳下去了，各自回家，沙滩又恢复它本来的清寂，有如歌残筵散。当时我感觉空虚寂寞者在此。

但是像那一大群人一样，我也欣喜赶了一场热闹，那一天算是没有虚度,于今回想,仍觉那回事很有趣。生命像在那沙滩所表现的,有图画家所谓的阴阳向背,你跳进去扮演一个角色也好,站在旁边闲望也好,应该都可以叫你兴高采烈。在那一顷刻,生命在那些人们中动荡,他们领受了生命而心满意足了,谁有权去鄙视他们,甚至于怜悯他们?厌世嫉俗者一般都是妄自尊大,我惭愧我有时未能免俗。

　　孔子看流水,发过一个最深永的感叹,他说:"逝者如斯夫,不舍昼夜!"生命本来就是流动的,单就"逝"的一方面来看,不免令人想到毁灭与空虚;但是这并不是有去无来,而是去的若不去,来的就不能来,生生不息,才能念念常新。莎士比亚说生命"像一个白痴说的故事,满是声响和愤激,毫无意义",虽是慨乎言之,却不是一句见道之语。生命是一个说故事的人,虽老是抱着那么陈腐的"母题"转,而每一顷刻中的故事却是新鲜的,自有意义的。这一顷刻中有了新鲜有意义的故事,这一顷刻中我们心满意足了,这一顷刻的生命便不能算是空虚。生命原是一顷刻接着一顷刻地实现,好在它"不舍昼夜"。算起总账来,层层实数相加,绝不会等于零。人们不抓住每一顷刻在实现中的人生,而去追究过去的原因与未来的究竟,那就犹如在相加各项数目的总和之外求这笔加法的得数。追究最初因与最后果,都要走到"无穷追溯"(reductioadinfintum)。这道理哲学家们本应知道,而爱追究最初因与最后果的偏偏是些哲学家们。这不只是不谦虚,而且是不通达。一件事物实现了,它的形相在那里,它的原因和目的也就在那里。种中有果,果中也有种,离开一棵植物无所谓种与果,离开种与果也无所谓一棵植物(像我的朋友废名先生在他的《阿赖耶识论》里所说明的)。比如说一幅画,有什么原因和目的!它现出一个新鲜完美的形相,这岂不就是它的生命,它的原因,它的目的?

且再拿这幅画来比譬生命。我们过去生活正如画一幅画,当前我们所要经心的不是这幅画画成之后会有怎样一个命运,归于永恒或是归于毁灭,而是如何把它画成一幅画,有画所应有的形相与生命。不求诸抓得住的现在而求诸渺茫不可知的未来,这正如佛经所说的身怀珠玉而向他人行乞。但是事实上许多人都在未来的永恒或毁灭上打计算。波斯大帝带着百万大军西征希腊,过海勒斯朋海峡时,他站在将台看他的大军由船桥上源源不绝地渡过海峡,他忽然流涕向他的叔父说:"我想到人生的短促,看这样多的大军,百年之后,没有一个人还能活着,心里突然起了阵哀悯。"他的叔父回答说:"但是人生中还有更可哀的事咧,我们在世的时间虽短促,世间没有一个人,无论在这大军之内或在这大军之外,能够那样幸运,在一生中不有好几次不愿生而宁愿死。"这两人的话都各有至理,至少是能反映大多数人对于生命的观感。嫌人生短促,于是设种种方法求永恒。秦皇汉武信方士,求神仙,以及后世道家炼丹养气,都是妄想所谓"长生"。"服食求神仙,多为药所误,不如饮美酒,被服纨与素",这本是诗人的愤激之言,但是反话大可作正话看,也许作正话看,还有更深的意蕴。说来也奇怪,许多英雄豪杰在生命的流连上都未能免俗,我因此想到曹孟德的遗嘱:

> 吾死之后……葬于邺之西冈上……吾婢妾与伎人皆勤苦,使着铜雀台……于台堂上,安六尺床,下施穗帐。朝脯设脯糒(食物)之属,月旦、十五日,辄向帐中作伎乐。汝等时登铜雀台望吾西陵墓田。

他计算得真周到,可怜虫!谢朓说得好:

> 穗帷飘井干,樽酒若平生。
> 郁郁西陵树,讵闻歌吹声!

孔子毕竟是达人，他听说桓司马自为石椁，三年而不成，便说"死不如速朽之为愈也"。谈到朽与不朽的问题，这话也很难说。我们固毋庸计较朽与不朽，朽之中却有不朽者在。曹孟德朽了，铜雀台妓也朽了，但是他的那篇遗嘱，何逊、谢朓、李贺诸人的铜雀台诗，甚至于铜雀台一片瓦，于今还叫讽咏摩挲的人们欣喜赞叹。"前水复后水，古今相续流"，历史原是纳过去于现在，过去的并不完全过去。其实若就种中有果来说，未来的也并不完全未来。这现在一顷刻实在伟大到不可思议，刹那中自有终古，微尘中自有大千，而汝心中亦自有天国。这是不朽的第一义谛。

相反两极端常相交相合。人渴望长生不朽，也渴望无生速朽。我们回到波斯大帝的叔父的话：世间没有一个人在一生中不有好几次不愿生而宁愿死。痛苦到极点想死，一切自杀者可以为证；快乐到极点也还是想死。我自己就有一两次这样的经验，一次是在二十余年前一个中秋前后，我乘船到上海，夜里经过焦山，那时候大月亮正照着山上的庙和树，江里的细浪像金线在轻轻地翻滚，我一个人在甲板上走，船上原是载满了人，我不觉得有一个人，我心里那时候也有那万里无云、水月澄莹的景象，非常喜悦，于是突然起了脱离这个世界的愿望。另外一次也是在秋天，时间是傍晚，我在北海里的白塔顶上望北平城里的楼台烟树,望到西郊的远山,望到将要下去的红烈烈的太阳,想起李白的"西风残照,汉家陵阙"那两个名句,觉得目前的境界真是苍凉而雄伟,当时我也感觉到我不应该再留在这个世界里。我自信我的精神正常,但是这两次想死的意念真来得突兀。诗人济慈在《夜莺颂》里于欣赏一个极幽美的夜景之后,也表示过同样的愿望,他说:

  Now more than ever seems it rich to die.
  现在死像比任何时候都较丰富。

他要趁生命最丰富的时候死,过了那良辰美景,死在一个平凡枯燥的场合里,那就死得不值得。甚至于死本身,像鸟歌和花香一样,也可成为生命中一种奢侈的享受。我两次想到死,下意识中是否也有这种奢侈欲,我不敢断定。但是如今冷静地分析想死的心理,我敢说它和想长生的道理还是一样,都是对于生命的执着。想长生是爱着生命不肯放手,想死是怕放手轻易地让生命溜走,要死得痛快才算活得痛快,死还是为着落,为着活的时候心里一点快慰。好比贪吃的人想趁吃大鱼大肉的时候死,怕的是将来吃不到那样好的,根本还是由于他贪吃,否则将来吃不到那样好的,对于他毫不感威胁。

生命的执着属于佛家所谓的"我执",人生一切灾祸罪孽都由此起。佛家针对着人类的这个普遍的病根,倡无生,破我执,可算对症下药。但是佛家也并不曾主张灭生灭我,不曾叫人类做集体的自杀,而只叫人明白一般人所希求的和所知见的都是空幻。还不仅此,佛家在积极方面还要慈悲救世,对于生命是取护持的态度。舍身饲虎的故事显示我们为着救济他生命,须不惜牺牲己生命。我心里对此尝存一个疑惑:既证明生命空幻而还要这样护持生命是为什么呢?目前我对于佛家的了解还不够使我找出一个圆满的解答。不过我对于这生命问题倒有一个看法,这看法大体源于庄子(我不敢说它是否合于佛家的意思)。庄子常提到生死问题,在《大宗师》篇说得尤其透辟。在这篇里他着重一个"化"字,我觉得这"化"字非常之妙。中国人称造物为"造化",万物为"万化"。生命原就是化,就是流动与变易。整个宇宙在化,物在化,我也在化。只是化,并非毁灭。草木虫鱼在化,它们并不因此而有所忧喜,而全体宇宙也不因此而有所损益。何以我独于我的化看成世间一件大了不起的事呢?我特别看待我的化,这便是"我执"。庄子对此有一段妙喻:

今大冶铸金,金踊跃曰:"我且必为镆铘。"

大冶必以为不祥之金。今一犯人之形,而曰:"人耳,人耳。"夫造化者必以为不祥之人。今以天地为大炉,以造化为大冶,恶乎往而不可哉?成然寐,蘧然觉。

在这个比喻里,庄子破了"我执",也解决了生死问题。人在造化手里,听他铸,听他"化"而已,强立物我分别,是为不祥。庄子所谓寐觉,是比喻生死。睡一觉醒过来,本不算一回事,生死何尝不是如此?寐与觉为化,生与死也还是化。庄周梦为蝴蝶,则"栩栩然蝴蝶也";"俄然觉,则蘧蘧然周也"。生而为人,死而化为鼠肝虫背,都只有听之而已。在生时这个我在大化流行中有他的妙用,死后我的化形也还是如此,庄子说:

> 浸假而化予之左臂以为鸡,予因之以求时夜;浸假而化予之右臂以为弹,予因之以求鸮炙……

物质毕竟是不灭的,漫说精神。试想宇宙中有几许因素来化成我,我死后在宇宙中又化成几许事物,经过几许变化,发生几许影响,这是何等伟大而悠久、丰富而曲折的一个游历,一个冒险!这真是所谓的"逍遥游"!

这种人生态度就是儒家所谓的"赞天地之化育",郭象所谓的"随变任化"(见《大宗师》篇"相忘以生"句注,翻成近代语就是"顺从自然")。我不愿辩护这种态度是否为颓废的或消极的,懂得的人自会懂得,毋庸以口舌争。近代人说要"征服自然",道理也很正大。但是怎样征服?还不是要顺从自然的本性。严格地说,世间没有一件不自然的事,也没一件事能不自然。因为这个道理,全体宇宙才是一个整一融贯的有机体,大化运行才是一部和谐的交响曲,而 cosmos(宇宙)不是 chaos(混乱)。人的最聪明的办法是与自然合拍,如草木在和风丽日中开着花叶,在严霜中枯谢,如流水行云自在运行无碍,如"鱼相与忘于江湖"。人的厄运在当着自然的大交响曲"唱翻腔",来破坏它的和谐。执我执法,贪生想死,都是"唱翻腔"。

孔子说过:"朝闻道,夕死可矣。"人难能的是这"闻道"。我们谁不自信聪明,自以为比旁人高一着?但是谁的眼睛能跳开他那"小我"的圈子而四方八面地看一看?谁的脑筋不堆着习俗所扔下来的一些垃圾?每个人都有一个密不通风的"障"包围着他。我们的"根本惑"像佛家所说的,是"无明"。我们在这世界里大半是"盲人骑瞎马",横冲直撞,怎能不闯祸事!所以说来说去,人生最要紧的事是"明",是"觉",是佛家所说的"大圆镜智"。法国人说

"了解一切，就是宽恕一切"；我们可以补上一句："了解一切，就是解决一切。"生命对于我们还有问题，就因为我们对它还没有了解。既没有了解生命，我们凭什么对付生命呢？于是我想到这世间纷纷扰扰的人们。

我与文学

我生平有一种坏脾气,每到市场去闲逛,见一样就想买一样。无论是怎样无用的破铜烂铁,只要我一时高兴它,就保留不住腰包里最后的一文钱。我做学问也是如此。今天丢开雪莱,去看守熏烟鼓测量反应动作,明天又丢开柏拉图,去在古罗马地道阴森曲折的坟窟中溯哥特式大教寺的起源。我已经整整地做过三十年的学生,这三十年的光阴都是这样东打一拳西踢一脚地过去了。

在现代社会制度和学问状况之下,百科全书式的学者已经没有存在的可能,一个人总得在许多同样有趣的路径之中选择一条出来走。这已经成为学术界中不成文的宪法,所以读书人初见面,都有一番寒暄套语:"您学哪一科?""文科。""哪一门?""文学。"假如发问者也是学文学的,于是"哪一国文学?哪一方面?哪一时代?哪一个作者"等问题就接着逼来了。我也屡次被人这样一层紧逼一层地盘问过,虽然也照例回答,心中总不免有几分羞意,我何尝专门研究文学?何况是哪一方面和哪一时代的文学呢!

在许多歧途中,我也碰上文学这条路,说来也颇堪一笑。我立志研究文学,完全由于字义的误解。我在幼时所接触的小知识阶级中,"研究文学"四个字只有两种流行的含义:作过几首诗,发表过几篇文章,甚至翻译过几篇《伊索寓言》或是《安徒生童话》,就算"研究文学"。其次随便哼哼诗念念文章,或是看看小说,也是"研究文学"。我幼时也欢喜哼哼诗,念念文章,自以为比作诗发表文章者固不敢望尘,若云哼诗念文即研究文学,则我亦何敢多让?这是我走上文学路的一个大原因。

谁知道区区字义的误解就误了我半世的光阴!到欧洲后见到西方"研究文学"者所做的工作以及他们所有的准备,才懂《庄子》海若望洋而叹的比喻,才知道"研究文学"这个玩意儿并不像我原来所想象的那样简单,尤其不像我原来所想象的那样有趣。文学并不是一条直路通天边,由你埋头一直向前走,就可以走到极境的。"研究文学"也要绕许多弯路,也要做许多枯燥辛苦的工作。学了英文还要学法文,学了法文还要学德文、希腊文、意大利文、印度文等等;时代的背景常把你拉到历史、哲学和宗教的范围里去;文艺原理又逼你去问津图画、音乐、美学、心理学等等学问。这一场官司简直没有方法打得清!学科学的朋友们往往羡慕学文学者天天可以消闲自在地哼诗看小说是幸福,不像他们自己天天要埋头记枯燥的公式，搜罗枯燥的事实。其实我心里有苦说不出，早知道"研究文学"原来要这样东奔西窜，悔不如学得一件手艺，备将来自食其力。我现在还时时存着学做小儿玩具或编藤器的念头。学会做小儿玩具或编藤器，我还是可以照旧哼诗念文章，但是遇到一般人对于"研究文学"者"专门哪一方面"式的问题就可以名正言顺地置之不理了。那是多么痛快的一大解脱！

我这番话并不是要唐突许多在外国大学中预备博士论文者，只是向国内一帮青年自道甘苦。青年们免不掉像我一样有一个嗜好文艺的时期，在现代中国学风之中，也恐怕免不掉像我一样以哼诗念文章为"研究文学"。倘若他们再像我一样因误解字义而走上错路，自然也难免有一日要懊悔。文艺像历史、哲学两种学问一样，有如金字塔，要铺下一个很宽广笨重的基础，才可以逐渐砌成一个尖顶出来。如果入手就想造成一个尖顶，结果只有倒塌。中国学者对于西方文艺思想和政教已有半世纪的接触了，而仍然是隔膜，不能不归咎于只想望尖顶而不肯顾到基础。在文艺、哲学、历史三种学问中，"专门"和"研究工作"种种好听的名词，在今日中国实在都还谈不到。

这番话只是一个已经失败者对于将来想成功者的警告。如果不死心蹋地地做基础工作，哼哼诗念念文章可以，随便作作诗发表几篇文章也可以,只是不要去"研究文学"。像我费过二三十年功夫的人还要走回头来学编藤器做小儿玩具,你说冤枉不冤枉!

谈理想的青年
——回答一位青年朋友的询问

朋友：

　　你问我一个青年应该悬什么样一个标准，做努力进修的根据。我觉得这问题很难笼统地回答。因为人与人在环境、资禀、兴趣各方面都不相同，我们不能定一个刻板的公式来适用于每个事例。不过无论一个人将来干哪一种事业，我以为他都需要四个条件。

　　头一项是运动选手的体格。我把这一项摆在第一，因为它是其他各种条件的基础。我们民族对于体格向来不很注意。无论男女，大家都爱亭亭玉立、弱不禁风那样的文雅。尤其在知识阶级，黄皮刮瘦，弯腰驼背，几乎是一种共同的标志。说一个人是"赳赳武夫"，就等于骂了他。我们都以"精神文明"自豪，只要"精神"高贵，肉体值得什么？这种错误的观念流毒了许多年代，到现在我们还在受果报。我们在许多方面都不如人。原因并不在我们的智力低劣。就智力说，我们比得上世界上任何民族。我们所以不如人者，全在旁人到六七十岁还能奋发有为，而我们到

了四十岁左右就逐渐衰朽；旁人可以有时间让他们的学问事业成熟，而我们往往被逼迫中途而废；旁人能做最后五分钟的奋斗，我们处处显得是虎头蛇尾。一个身体羸弱的人不能是一个快活的人——你害点小病就知道；也不能是一个心地慈祥的人，你偶尔头痛、牙痛或是大便不通，旁人的言语笑貌分外显得讨厌。如果你相信身体羸弱不妨碍你做一个有道德的人，援甘地为例，那我就要问你：世间数得出几个甘地？而且甘地是否真像你们想象的那样羸弱？一切道德行为都由意志力出发。意志的"力"固然起于知识与信仰，似乎也有几分像水力、电力、蒸汽力，还是物质的动作发生出来的。这就是说，它和体力不是完全无关。世间意志力最薄弱的人怕要算鸦片烟鬼，你看过几个烟鬼身体壮健？你看过几个烟鬼不时常在打坏主意？意志力薄弱的人都懒。懒是万恶之源。就积极方面说，懒人没有勇气。应该奋斗时不能奋斗，遇事苟且敷衍。做不出好事来。就消极方面说，懒人一味朝抵抗力最低的路径走，经不起恶势力的引诱，惯欢喜做坏事。懒大半由于体质弱。燃料不够，所以马达不能开满。"健全精神宿于健全身体"。身体不健全而希望精神健全，那是希望奇迹。

第二是科学家的头脑。生活时时刻刻要应付环境，环境有应付的必要，就显得它有困难有问题。所以过生活就是解决环境困难所给的问题。做学问如此，做事业如此，立身处世也还是如此。一切问题的解决方法都须遵照一个原则。在紊乱的事实中找出一些条理秩序来，这些条理秩序就是产生答案的线索，好比侦探一个案件，你第一步必须搜集有关的事实，没有事实做根据，你无从破案；有事实而你不知怎样分析比较，你还是不一定能破案。会尊重事实，会搜集事实，会见出事实中间的关系，这就是科学家的本领。要得到这本领，你必须冷静、客观、虚心、谨慎，不动意气，不持成见，不因个人利害打算而歪曲真理。合理的世界才是完美的世界，世界所以有许多不合理的地方，就因为大部分人没有科学的头脑，见理不透。比如说，社会上有许多贪赃枉法的事，做这种事的人都有一个自私的动机。以为损害了社会，自己可以占便宜。其实社会弄得不稳定了，个人绝不能享安乐。所以这种自私的人还是见理不透，没有把算盘打清楚。要社会一切合理化，要人生合理化，必须人人都明理，都能以科学的头脑去应付人生的困难。单就个人来说，一个头脑糊涂的人能在学问或事业上有伟大的成就，我是没有遇见过。

第三是宗教家的热忱。"过于聪明"的人（当然实在还是聪明不够）有时看空了一切，以为是非善恶悲喜成败反正都不过是那么一回事，让它去，干我什么？他们说："安邦治国平天下,自有周公孔圣人。"人人都希望旁人做周公孔圣人,于是安邦治国平天下就永远是一场幻梦。宗教家大半盛于社会紊乱的时代,他们看到人类的罪孽痛苦,心中起极大的悲悯,于是发下志愿,要把人类从水深火热中拯救出来。虽然牺牲了自己,也在所不惜。孔子说:"鸟兽不可与同群。吾非斯人之徒之与而谁与?天下有道,丘不与易也。"释迦说:"我不入地狱,谁入地狱?"这都是宗教家的伟大抱负。他们不但发愿,而且肯拼命去做。耶稣的生平是极好的例证。他为着要宣传他的福音,不惜抛开身家妻子,和犹太旧教搏斗,和罗马帝国搏斗,和人世所难堪的许多艰难困苦搏斗,而终之以一死;终于以一介平民的力量掉翻了天下。古往今来许多成大事业者虽不必都是宗教家,却大半有宗教家的热忱。他们见得一件事应该做,就去做,就去做到底,以坚忍卓绝的精神战胜一切困难,百折不回。我们现在所处的是一个紊乱的时代,积重难返,一般人都持鱼游釜中或是鸵鸟把眼睛埋在沙里不去看猎户的态度,苟求一日之安。这时候非有一种极大的力量不能把这局面翻转过来。没有人肯出这种力量,或是能出这力量,除非他有宗教家的慈悲心肠和宗教家舍己为人奋斗到底的决心毅力。

第四是艺术家的胸襟。自然节奏有起有伏,有张有弛,伏与弛不单是为休息，也不单是为破除单调，而是为精力的生养储蓄。科学易流于冷酷干枯，宗教易流于过分刻苦，它们都需要艺术的调剂。艺术是欣赏，在人生世相中抓住新鲜有趣的一面而流连玩索；艺术也是创造，根据而又超出现实世界，刻绘许多可能的意象世界出来，以供流连玩索。有艺术家的胸襟，才能彻底认识人生的价值，有丰富的精神生活，随处可以吸收深厚的生命力。我们一般人常困于饮食男女功名利禄的营求，心地常是昏浊，不能清明澈照。一个欲望满足了，另一个欲望又来，常是在不满足的状态中，常被不满足驱遣做无尽期的奴隶。名为一个人，实在是一个被动的机械，处处受环境支配，做不得自家的主宰。在被驱遣流转中，我们常是仓皇忙迫，常无片刻闲暇，来凭高看一看世界，或是回头看一看自己。不消说得，世界对于我们是呆板的，自己对于我们也是空虚的。试问这种人活着有什么意味？能成就什么学问事业？所谓艺术家的胸襟就是在有限世界中做自由人的本领；有了这副本领，我们才能在急忙流转中偶尔驻足做一番静观默索，做一番反省回味，朝外可以看出世相的庄严，朝内可以看出人心的伟大。并且不仅看，我们还能创造出许多庄严的世相，伟大的人心。在创造时，我们依然是上帝，所以创造的快慰是人生最大的快慰。创造的动机是要求完美，迫令事实赶上理想；我们

要把现实人生、现实世界改造得比较完美,也还是起于艺术的动机。

  如果一个人具备这四大条件,他就不愧为完人了。我并不认为他是超人,因为体育选手、科学家、宗教家、艺术家,都不是神话中的人物,而是世间有血有肉的真实人物。以往有许多人争取过这些名号。人家既然可以做得到,我就没有理由做不到。我们不能妄自菲薄,自暴自弃。

谈恐惧心理

最近这几个月中，人们都有大难临头的预感，骚动得特别厉害。一会儿大家纷纷抢购粮食，出比市价高几倍的价钱也在所不惜，仿佛以为不如此就有一天会饿死，像长春人民一样；一会儿大家又纷纷抛售衣物房屋，仿佛以为他们所居的地方危在旦夕，先捞几个现钱再说，到必要时可以逃到他们所想象的安全地带。平津人纷纷逃到京沪，京沪人纷纷逃到平津，像惊鼠似的东奔西窜，惹得交通格外拥挤，秩序格外紊乱。这种惊慌的情形可以从政治、经济、教育、社会种种观点来看，在这里我想只把它当作一个心理学的课题来稍加分析。

一切惊慌恐惧都起于危险的感觉，而一切危险，分析到究竟，都是对于生命的威胁。贪生是人与一般动物的最强烈的本能。尽管一个生命如何渺小，如何苦痛，尽管它的主子有时对它如何咒骂，真正到它有丧失的危险时，它还是一种"食之无味，弃之可惜"的鸡肋，它的主子拼了命也要把握着不放。就是这种生命的执着引起对于威胁生命的危险情境产生恐惧。一切恐惧到头来只不过是"怕死"。

可是一个人如果真正到了绝境,面前只有死路一条,无可避免,恐惧无补于事,他也就不会恐惧。牛羊到了屠场,知道一切都完了,心里冷了下来,也就定了下来。许多死囚很潇洒自在地上刑场,道理也是如此。引起恐惧的危险情境大抵不是绝境。从心理学观点看,恐惧情绪与逃避的本能是分不开的,所以恐惧的对象是可逃避的,这逃避的可能在恐惧者的心中还是一线希望。希望本是恐惧的反面,可是二者常常"狼狈为奸",缺了一个,另一个就不能行。临到一个险境好比站在一面剃刀锋上,倒东则活,倒西则死,望到倒东的可能便起希望,望到倒西的可能便起恐惧。所以贪生与怕死只是一件事物的两面。怕死,对于生就还没绝望。

险境既然不是绝境,它就只有可能性而没有确定性。一个人当着险境,常是悬在虚空中,捉摸不定,把握不住,茫然不知所措,于是才感到恐惧。所以在恐惧的心理状态中,理智难得清醒,知识总是模糊,情境在疑似之中,应付无果决之策,当其境者似有所知,又似无所知。如果毫无所知,他就会糊涂胆大,不知恐惧。"盲人骑瞎马,夜半临深池",是一个典型的险境,但是盲人自己却若无其事。如果知道得清清楚楚,把握得住情境,也把握得住自己,他就应付有方,也不会恐惧。比如说生死问题,古今圣贤豪杰都不在这上面绞脑筋,因为他们"知命",一切看透了,生和死都只是理所当然。再比如危险境界,像拿破仑那一类冒险家对之也无动于衷,因为他们明白那只是一个待解决的问题,而他们对于那问题的解决抱有坚强的自信。恐惧都表现性格上的一种弱点,或是理智的欠缺,或是意志的薄弱。俗语说得好:"心虚胆怯。"心不虚,胆就不怯。所谓"心虚"就是由于把握不住环境,因而把握不住自己。所以多疑者最易起恐惧,狐鼠是最好的例子。

"疑心生暗鬼",恐惧者由于知解的含糊和自信心的丧失,对于所恐惧的对象常用幻想把它加以夸张放大,望见风,就是雨,一两分的危险便夸张放大成为十二万分。往往所谓的危险全是一种错觉,"风声鹤唳,草木皆兵"。我自己见过的一件事可以为证。约莫三十年前,我在武昌高等师范学校读书。有一天正午,一百多同学正在饭厅里吃饭,猛然有几声枪声,顿时全饭厅里的人们都惊慌起来,有躲在饭桌下面的,有拿凳子顶在头上的,有乱窜乱叫的,有用拳头打破玻璃窗打得鲜血淋漓的。我当时没有注意到那响声,所以若无其事,能很清楚地观察到当场的人们的那种可怜可笑的神色。由那神色看来,他们仿佛以为那响声起于饭厅建筑本身,他们所恐惧的是那座旧房屋的倒塌,会使他们同归于尽。房屋当然并没有倒塌,而事后调查,那枪声的出发点距饭厅还有一里多路。这也许是一个极端的事例,不过许多引起惊慌恐惧的情境往往像这样是错觉所生的幻象,根本不存在,或者不如所想象的那么严重。

恐惧的对象都是经过夸张放大的,在群众中这种夸张放大尤其一发不可收拾。群众是一个两面头的怪物,它可以壮声势也可以寒心胆,一个人怕,不算一回事;周围的人们都怕,那就真正可怕了。若是树上只有一只鸟,你放一声枪,它可能不理睬,纵然飞逃也是懒洋洋的。若是树上有一大群鸟,一声枪响就吓得它们惊叫乱窜。是鸟都飞散了,你从来不会发现有一只大胆的鸟敢留在那里。理由是很简单的,一只孤单的鸟在恐惧中见不到自己恐惧的神色,好比一个声音触不起回响,就不会放大;一大群鸟都恐惧时,每只鸟的恐惧神色都映在余鸟的眼帘里,于是每只鸟就由于同情的回荡,把所见到的许多鸟的恐惧都灌注到它自己的恐惧里去,汇众水于巨流。这是群众心理学家们所说的模拟作用和暗示作用。很显然的,这时候引起恐惧的并非当时危险情境本身,而是同类的恐惧的神色。不消说得,这种放大的恐惧要远超过当时危险情境本身所需要的。这可以说是群众的病态心理。一个群众到了染上这种病态时,就失去一切自制力与自信心,什么事也不会成功。俗语说"兵败如山崩",就是这个道理。群众也有群众的错觉和幻想,当然也就可以把一个危险情境夸张放大,以讹传讹,往往把真实情况弄得牛头不对马嘴。由于这个缘故,谣言在一个恐慌的群众中特别占势力。

恐惧是一种情绪,根源在逃避的本能。依一般心理学家说,凡是情绪和本能在生物进化上都有它们的功用,对于人和动物的生存都有裨益。关于恐惧,我就不免怀疑。恐惧的最常见的后果不外乎两种。一种是使当事者落到瘫痪状态。请看鼠见着猫或是小动物见着蛇,还没有被捕噬,就吓得不能动弹。有时猫还故意把捕得的鼠放去,任它逃而它却吓得不能逃。人也是如此,许多人在惊慌中最常见的反应是"仓皇失措",不知道怎么办,只好什么都不办。另一种是使当事者落到狂乱状态。应该逃开那危险的局面,他是知道的,可是怎样逃开,他却不知道,于是手慌脚忙,乱冲乱撞,结果往往闯出更大的祸事。许多避难的人并不死于枪林弹雨而死于拥挤践踏之类意外之灾。我颇疑心恐惧这种情绪在动物的原始阶段或许有它的用处,到了人类现阶段,它就有如盲肠,害多于利。因此,我很同情柏拉图,他认为"理想国"的公民应尽力拔除恐惧的情绪,同时,我也很向往中国先贤所提倡的雍容镇静和大无畏的精神。

"再说一句话"（代跋）

薰宇兄来信说他们有意把十二封信印成单行本,我把原稿复看一遍,想起冠在目录前页的布朗宁写完五十个《男与女》时在《再说一句话》中所说的那一个名句。

拿这本小册子和《男与女》并提,还不如拿蚂蚁所负的一粒谷与骆驼所负的千斤重载并提。但是一粒谷虽比千斤重载差得远,而蚂蚁负一粒谷却也和骆驼负千斤重载,同样卖力气。所以就蚂蚁的能力说,他所负的一粒谷其价值也无殊于骆驼所负的千斤重载。假如这个比拟可以作野人献曝的借口,让我亵渎布朗宁的名句,将这本小册子奉献给你吧。

"我的心寄托在什么地方,让我的脑也就寄托在那里。"这句话对于我还另有一个意义。我们原始的祖宗们都以为思想是要用心的。"心之官则思",所以"思"和"想"都从"心"。西方人从前也是这样想,所以他们常说:"我的心告诉我如此如此。"据说近来心理学发达,人们思想不用心而用脑了。心只是管血液循环的。据威廉·詹姆斯派心理学家说，感情就是血液循环的和内脏移迁的结果。那么，心与其说是运思的不如说是生情的。科学家之说如此。

　　从前有一位授我《说文解字》的姚明晖老夫子要沟通中西，说思想要用脑，中国人早就知道了。据他说，思想的"思"字上部分的篆文并不是"田"字，实在是像脑形的。他还用了许多考据，可惜我这不成器的学生早把它丢在九霄云外了。国学家之说如此。

　　说来也很奇怪。我写这几篇小文字时，用心理学家所谓内省方法，考究思想到底是用心还是用脑，发现思想这件东西与其说是由脑里来的，还不如说是由心里来的较为精当（至少在我是如此）。我所要说的话，都是由体验我自己的生活，先感到（feel）而后想到（think）的。换句话说，我的理都是由我的情产生出来的，我的思想是从心出发而后再经过脑加以整理的。

　　这番闲话用意不在夸奖我自己"用心"思想，也不在推翻科学家思想用脑之说，尤其不在和杜亚泉先生辩"情与理"。我承认人生有若干喜剧才行，所以把这种痴人的梦想随便说出博诸君一粲。

朱光潜的座右铭

恒、恬、诚、勇。①
走抵抗力最大的路！②
此身、此时、此地。③

---

①在香港大学教育系求学时，朱光潜先生以"恒、恬、诚、勇"四个字作为自己的座右铭。恒，是指恒心，即无论做人做事，都要持之以恒、百折不挠；恬，是指恬淡、简朴、克己持重，不追求物质上的享受；诚，是指诚实、诚恳、襟怀坦白、心如明镜、不自欺、不欺人；勇，则是指勇气、志气、勇往直前的进取精神。这四个字不仅集中反映了他在求学时的精神状态，而且贯穿了他的一生。朱光潜先生曾说："这四个字我终生恪守不渝。"

②在英国爱丁堡大学学习时，朱光潜先生兴趣广泛，学过文学、心理学和哲学。经过比较和思索，他发现美学是他

最感兴趣的,是文学、心理学和哲学的共同联络线索,于是把研究美学作为自己终生奋斗的事业。当时,他的指导老师著名的康德研究专家史密斯教授竭力反对。他告诫朱光潜说,美学是一个泥潭,玄得很。朱光潜先生在认真思索后,决定迎着困难上。这时,他给自己立下这样一条座右铭:"走抵抗力最大的路!"从此,他全身心地投入到美学研究中,终于写出了《悲剧心理学》《文艺心理学》《变态心理学》等具有开创意义的论著。

③在20世纪30年代,朱光潜先生的座右铭是:"此身、此时、此地。"此身,是说凡此身应该做而且能够做的事,决不推诿给别人;此时,是指凡此时应该做而且能够做的事,决不拖延到将来;此地,是说凡此地(地位、环境)应该做而且能够做的事,决不等待想象中更好的境地。在这条座右铭的激励下,朱光潜先生不断地给自己树立新的奋斗目标,在他80多岁时,依然信心十足地承担起艰深的维柯《新科学》的翻译任务。

朱光潜的三十条人生箴言

1.人类比其他物类痛苦,就因为人类把自己看得比其他物类重要。人类中有一部分人比其余的人痛苦,就因为这一部分人把自己看得比其余的人重要。

2.经过时代淘汰而巍然独存的书才有永久性,才值得读一遍两遍以至于无数遍。

3.十五六岁以后的教育宜注重发达理解,十五六岁以前的教育宜注重发达想象。

4.别人只能介绍,抉择还要靠你自己。

5.愁来愁去,人生还是那么样一个人生,世界也还是那么样一个世界。假如把自己看得伟大,你对于烦恼,当有"不屑"的看待;假如把自己看得渺小,你对于烦恼,当有"不值得"的看待。

6. 世间天才之所以为天才，固然由于具有伟大的创造力，而他的感受力也分外比一般人强烈。

7. 意志起于需要或缺乏，一个缺乏填起来了，另一个缺乏就又随之而来，所以意志永无餍足的时候。欲望的满足只"像是扔给乞丐的赈济，让他今天赖以过活，使他的苦可以延长到明天"。

8. 古今许多伟大人物常能在仓皇扰乱中雍容应付事变，丝毫不觉张皇，就因为能镇静。

9. 我生平不怕呆人，也不怕聪明过度的人，只是对着没有趣味的人，要勉强同他说应酬话，真是觉得苦也。

10. 中国人蜂子孵蛆的心理太重，只管诱劝人"类我类我"！比方我喜欢谈国事，就藐视你读书；你喜欢读书，就藐视我谈国事。其实单面锣鼓打不成闹台戏。要撑起中国场面，也要生旦净丑角俱全。

11. 昨日的殉道者，今日或成为市场偶像，而真纯面目便不免因之污损了。到了市场而不成为偶像，成偶像而不至于破落,都是很难的事。

12. 寂居文艺之宫,固然会像不流通的清水,终究要变成污浊恶臭的。可是十字街头的叫嚣,十字街头的尘粪,十字街头的挤眉弄眼,都处处引诱你汩没自我。

13. 习俗是守旧的,而社会则须时时翻新,才能增长滋大,所以习俗有时时打破的必要。

14. 打破习俗,你须以一二人之力,抵抗千万人之惰力,所以非有雷霆万钧的力量不可。

15. 一种社会所最可怕的不是民众肤浅顽劣,因为民众通常都是肤浅顽劣的。它所最可怕的是没有在肤浅卑劣的环境中而能不肤浅不卑劣的人。

16. 社会也是如此,它能否生长滋大,就看它有无突变式的分子;换句话说,就看十字街头的矮人群中有没有几个大汉。

17. "美术的宇宙"也是自由独立的。美术的价值标准既不是是非，也不是善恶，只是美丑。

18. 我不在生活以外别求生活方法，不在生活以外别求生活目的。世间少我一个，多我一个，或者我时而幸运，时而受灾祸侵逼，我以为这都无伤天地之和。

19. 遇着恋爱和道德相冲突时，社会本其"道德的宇宙"的标准，对于恋爱者大肆攻击诋毁，是分所应有的事，因为不如此则社会赖以维持的道德难免隳丧；而恋爱者整个地酖醉于"恋爱的宇宙"里，毅然不顾一切，也是分所应有的事，因为不如此则恋爱不真纯。

20. 我们求学最难得的是诚恳的良师与和爱的益友，所以选校应该以有无诚恳、和爱的空气为准。

21. 学问这件东西，先要能博大而后能精深。"博学守约"，真是至理名言。

22. 但是一般人制定规范，往往不根据事实而根据自己的希望。不知人的希望和自然界的事实常不相伴，而规范是应该限于事实的。

23. 理智指示我们应该做的事甚多,而我们实在做到的还不及百分之一。所做到的那百分之一大半全是由于有情感在后面驱遣。

24. 人类如要完全信任理智,则不特人生趣味剥削无余,而道德亦必流为下品。

25. 孝只是一种爱,而凡爱都是以心感心,以情动情,决不像做生意买卖,时时抓住算盘子,计算你给我二五,我应该报偿你一十。

26. 人生又何尝不是一种理想的冲突场?不过现实世界和舞台有一点不同,舞台上的悲剧生于冲突之得解决,而人生的悲剧则多生于冲突之不得解决。

27. "摆脱不开"便是人生悲剧的起源。畏首畏尾,徘徊歧路,心境既多苦痛,而事业也不能成就。

28. 凡是第一流美术作品都能使人在微尘中见出大千,在刹那中见出终古。

29. 我们固然没有前人的呆气，可是我们也没有前人的苦心与热情了。

30. 织锦和钢铁房屋用意只在适用，而湘绣和中世纪建筑于适用以外还要能慰情，还要能为作者力量气魄的结晶，还要能表现理想与希望。